Enraizamento
e abertura

COLEÇÃO Unipaz – COLÉGIO INTERNACIONAL DOS TERAPEUTAS
Coordenadores: Pierre Weil e Roberto Crema

Coleção Unipaz – CIT

1. Reunião dos textos, pesquisas e testemunhos úteis a uma compreensão superior e vasta do homem e do universo para sua saúde e seu bem-estar.
2. Esta coleção é transdisciplinar e faz apelo a escritores, pesquisadores, médicos, físicos e é inspirada pela antropologia não dualista, pela ética rigorosa e aberta, pela prática da meditação do Colégio Internacional dos Terapeutas, cujas raízes remontam ao 1º século de nossa era, através dos Terapeutas de Alexandria, dos quais Fílon nos traz o Espírito, a visão e os procedimentos, próximos das pesquisas contemporâneas "de ponta".
3. Assim, esta coleção é um local de diálogos, de encontros e de alianças frutuosas entre a tradição e a contemporaneidade.
4. Ela situa-se igualmente na linha de pesquisa da psicologia transpessoal e do paradigma holístico, da qual ela é uma das aplicações concretas no mundo dos Terapeutas e nos "cuidados" que todo homem deve ter em relação ao Ser, em todas as suas dimensões: incriada, cósmica, social, consciente e inconsciente.

Dados Internacionais de Catalogação na Publicação (CIP)
(Câmara Brasileira do Livro, SP, Brasil)

Leloup, Jean-Yves, 1950-
　　Enraizamento e abertura : Conferências de Sainte-Baume / Jean-Yves Leloup ; tradução de Lúcia M. Endlich Orth. – Petrópolis, RJ : Vozes, 2003.

　　1ª reimpressão, 2021.

　　ISBN 978-85-326-2804-6
　　Título original: L'enracinement et l'ouverture.
　　Bibliografia.
　　1. Experiência religiosa – Estudos comparados 2. Misticismos – Estudos comparados 3. Religiões - Relacionamento I. Título.

02-5540   CDU-291.172

Índices para catálogo sistemático:
1. Religiões : Relacionamento : Estudos comparados   91.172
2. Relacionamento inter-religioso : Estudos comparados 291.172

JEAN-YVES LELOUP

Enraizamento e abertura

CONFERÊNCIAS DE SAINTE-BAUME

Tradução de Lúcia M. Endlich Orth

Petrópolis

© 1989, Éditions Albin Michel.

Tradução realizada a partir do original em francês intitulado
L'enracinement et L'Ouverture.

Direitos de publicação em língua portuguesa – Brasil:
2002, Editora Vozes Ltda.
Rua Frei Luís, 100
25689-900 Petrópolis, RJ
www.vozes.com.br
Brasil

Todos os direitos reservados. Nenhuma parte desta obra poderá ser reproduzida
ou transmitida por qualquer forma e/ou quaisquer meios (eletrônico ou
mecânico, incluindo fotocópia e gravação) ou arquivada em qualquer sistema
ou banco de dados sem permissão escrita da editora.

CONSELHO EDITORIAL

Diretor
Gilberto Gonçalves Garcia

Editores
Aline dos Santos Carneiro
Edrian Josué Pasini
Marilac Loraine Oleniki
Welder Lancieri Marchini

Conselheiros
Francisco Morás
Ludovico Garmus
Teobaldo Heidemann
Volney J. Berkenbrock

Secretário executivo
João Batista Kreuch

Editoração e org. literária: Melissa Lopes Leite*
Diagramação: Sheilandre Desenv. Gráfico
Revisão gráfica: Jaqueline Moreira
Capa: Ygor Moretti

ISBN 978-85-326-2804-6 (Brasil)
ISBN 2-226-07679-4 (França)

Editado conforme o novo acordo ortográfico.

Este livro foi composto e impresso pela Editora Vozes Ltda.

Sumário

Nota dos editores, 7

1. A transmissão do conhecimento no cristianismo, 9

2. Por uma psicoterapia iniciática, 25

3. O encontro do inevitável no cristianismo, 45

4. Mestre Eckhart – Um itinerário de libertação interior, 70

5. "Do homem nobre" segundo Mestre Eckhart, 76

6. O cristianismo e as religiões, 84

7. Budismo e cristianismo – Palavras de Siddhartha, o Buda, e de Jesus, o Cristo, 102

8. Entrevista com o Dalai-Lama, 121

9. Do Espírito Santo, 130

10. O rosto, enfoque teológico, 144

11. Orar no lugar mais aberto..., 155

12. Meditar: uma arte do instante, 157

Nota dos editores

Esta obra reúne conferências que Jean-Yves Leloup deu no Centre International de la Sainte-Baume, que foi o lugar, de 1982 a 1989, de uma experiência ecumênica e pluridisciplinar sem precedentes. Publicadas pela primeira vez na revista de pesquisas sobre o sagrado, *Question de*, essas conferências continuam sendo de uma atualidade surpreendente – como aquela que nasce da eternidade do espírito – e, assim, são retomadas aqui para continuar a nutrir a busca dos pesquisadores religiosos e o diálogo inter-religioso.

1
A transmissão do conhecimento no cristianismo[*]

Um dos conceitos-chave ao qual se refere Claude Tresmontant quando fala do ensinamento de Jesus de Nazaré é o conceito de *informação*. É a analogia que lhe parece a mais adequada para significar o tipo de ensinamento de que se trata.

1) Num primeiro tempo, vamos precisar este conceito de informação, tal como é definido na biologia contemporânea, e veremos como ele pode nos ser útil para compreender melhor do que se trata quando falamos de transmissão do conhecimento no cristianismo.

2) Depois, daremos alguns exemplos de informações comunicadas por Cristo quando ele curava e ensinava nos caminhos da Galileia.

3) Em seguida, veremos como ele transmite este poder de curar e de ensinar a seus discípulos, e qual é a missão que lhes confia.

4) Enfim, estudaremos como esta informação comunicada por Cristo a seus discípulos chegou até nós – na Igreja.

---

[*] Conferência dada no colóquio "Civilisations et transmission de la Connaissance", publicada em Éditions de l'Ouvert, la Sainte-Baume, em 1984.

5) Na conclusão, vamos interrogar-nos sobre o futuro desta informação e sobre as nossas dificuldades, ou sobre os nossos desejos de nos deixar informar – transformar – a partir do interior, pelo Sopro e pela Palavra comunicados por Jesus Cristo.

O conceito de informação

O termo "informação" – lembra-nos Claude Tresmontant em seu *Essai sur le problème de la Révélation* – comporta dois significados fundamentais.

Primeiramente, significa o que dá a uma multiplicidade de elementos discordantes uma unidade orgânica, uma estrutura subsistente. É a forma, no sentido aristotélico, o vínculo que faz de uma multiplicidade uma unidade substancial.

Assim, num organismo vivo, uma multiplicidade de átomos e de moléculas são integrados numa unidade subsistente de um organismo que, no caso do ser humano, é o sujeito.

Esta forma que subsiste integrando uma multiplicidade de elementos na unidade de um corpo vivo, Aristóteles a chama também de "alma" (*psyché*).

Portanto, o primeiro sentido da palavra informação é este: aquilo que informa, que dá forma.

Existe um segundo sentido do termo informação: um ensinamento ou um conhecimento comunicado por alguém que sabe a alguém que não sabe; o que se passa atualmente na China, nós não o sabemos, mas ouvimos e vemos "as informações" e ficamos sabendo. Comunica-se uma informação quando se comunica um conhecimento novo.

O que a biologia contemporânea descobriu é que os dois sentidos da palavra informação se unem. Um organismo vivo é uma estrutura, uma forma que subsiste e vive, desenvolve-se e reproduz-se, porque contém – em seus genes – uma mensagem, uma informação, no sentido de ensinamento que forneceu as instruções para construir este organismo altamente complexo. Nos genes, que são estruturas moleculares muito complexas, há uma mensagem, um ensinamento.

A biologia contemporânea permite verificar e dar um fundamento bioquímico ao pensamento de Claude Bernard: "Um organismo é informado por uma 'ideia criadora'."

Na prática terapêutica e no ensinamento de Jesus Cristo, esses dois significados da palavra informação vão encontrar-se analogicamente.

Primeiro, de um ponto de vista terapêutico. De fato, é como terapeuta que Jesus foi percebido em primeiro lugar por seus contemporâneos (cf. Mt 4,23); um homem que cura as doenças do corpo e do espírito.

Antes de mais nada, era para isto que as pessoas acorriam a ele: para serem curadas, libertadas do sofrimento interior e exterior, físico, psíquico e até político, uma vez que alguns que o seguiam queriam fazer dele um libertador da opressão romana.

Portanto, é como terapeuta que ele reorganiza e reinforma organismos doentes, enfermiços. Ele tinha o poder de regenerar o que estava doente; de reinformar, a partir do interior, o que havia perdido a informação, o que estava deformado; e restabelecer as "leis fisiológicas deterioradas".

Seu poder terapêutico é comprovado por numerosas testemunhas e, para os Evangelhos, o fato de Jesus poder curar as doenças físicas ou psíquicas é um sinal de que "Ele conhece o que há no ser humano", e que constitui um só com a própria Fonte das informações que ordenam e estruturam o corpo humano e o corpo cósmico (cf. "a tempestade amainada").

Ele está totalmente em harmonia com a Inteligência criadora que não cessa de informar e de reinformar (isto é, na linguagem bíblica, de criar e de recriar) tudo o que existe no Universo.

Jesus é terapeuta e é desta maneira que Ele comunica antes de tudo a informação no primeiro sentido do termo.

Mas Jesus também é aquele que ensina – um *rabbi* –, um "professor" diria Tresmontant, e é este o segundo meio pelo qual Ele comunica a informação; é também o segundo sentido do termo.

> Jesus percorria todas as cidades e as aldeias ensinando nas sinagogas, pregando o Evangelho do Reino e curando toda enfermidade e doença (Mt 9,35).

O *rabbi* Jesus, como os profetas hebreus de outrora, vai utilizar, para ensinar, a técnica do *mâschal*. O *mâschal* – que o Novo Testamento grego designa pela palavra *parabolé* e que foi traduzido para a nossa língua por "parábola" – é uma comparação, uma analogia em que um dos termos é uma realidade sensível, experimental, oferecida a todos na experiência comum; e o outro termo, uma realidade espiritual que se trata precisamente de fazer conhecer.

Para comunicar a informação que deve transformar o ser humano, fazer dele um filho de Deus, um ser novo, divinizado, Jesus procede a partir das realidades experimentais da vida cotidiana: o pão, o vinho, a água, a terra, o óleo, o sal, o fogo etc. Ele faz teologia em sua cozinha, quando caminha pelas estradas, quando para à beira das fontes. Assim procedendo, Ele se inscreve inteiramente no pensamento bíblico, pois, para a Bíblia, a Criação já é uma linguagem, uma Palavra que testemunha que Deus *é*.

O visível é um testemunho do Invisível, que o informa e o contém. É porque o ser humano perdeu a linguagem da Criação que Deus falou pelos sábios e pelos profetas. Mas é a mesma mensagem, a mesma informação. Saber ler as árvores, o rochedo, a tempestade ou o sol já é saber ler a Bíblia. A palavra de Jesus retoma a informação, a mensagem já comunicada pela natureza, pelos sábios e pelos profetas hebreus. Ele retoma a mensagem e a precisa. Ele a explicita mais porque os humanos se tornaram cada vez mais surdos e cegos.

Eis algumas dessas informações comunicadas por Jesus. Vejamos como elas nos ensinam ou nos lembram alguma coisa. Vejamos também como essas informações, se as acolhemos, podem operar em nós, curar-nos de uma desordem qualquer, reinformar-nos positivamente em nosso devir e orientar nossa existência para a plenitude de vida para a qual fomos criados.

Algumas informações comunicadas por Jesus

Como dizíamos, Jesus parte do concreto material para fazer-nos aceder ao concreto espiritual. Uma realidade à qual Ele se afeiçoa particularmente e que lhe serve muitas vezes de imagem, de parábola, para exprimir a realidade do Reino de Deus em germe e em crescimento em cada um de nós, é a realidade do grão, do menor de todos os grãos, do grão semeado.

> Na verdade eu vos digo: se o grão de trigo não cair na terra e não morrer, ficará só; mas se morrer, produzirá muito fruto. Quem ama sua vida, vai perdê-la; mas quem não se apega à vida neste mundo, vai guardá-la para a vida eterna (Jo 12,24).

É isto que Claude Tresmontant chama de lei ontogenética fundamental, a própria lei da transformação do ser humano; o "morre e transforma-te" de que falava Goethe. Aí está alguma coisa sobre a qual Jesus insiste particularmente em Marcos 8,34: "Se alguém quiser vir após mim, renuncie a si mesmo, tome a sua cruz e siga-me." Em Mateus 16,25: "Quem perder sua vida por amor de mim, há de encontrá-la. O que adianta alguém ganhar o mundo inteiro [que ele acumule saber, haveres e poderes] se vier a prejudicar sua alma [se ele não sabe mais por que e para que é informado]?"

Esta informação comunicada por Jesus Cristo nos ensina as condições de acesso à *vida*. Nada de masoquista ou de mórbido nessas palavras. Trata-se de iniciação a uma via mais alta, menos banal, menos "mortal" no sentido concreto do termo: ser iniciado a uma vida cuja última palavra não é a morte.

Aquele que quer salvar sua vida a perderá, e aquele que consente em perdê-la, que corre o risco de perdê-la, a encontrará mais plena e mais inteira, centuplicada – esta lei já é verificável no domínio dos "negócios". Aquele que se agarra com avareza e angústia à soma de dinheiro que tem, com medo de perdê-la, perderá até o que tem. Aquele que aplica seu dinheiro, que consente em correr o risco da aventura, este encontrará seu dinheiro centuplicado... É uma lei, não de "moral", mas de vida.

Os biólogos nos dizem que as espécies que correram os maiores riscos são aquelas que obtiveram os maiores sucessos. Aquelas que buscaram o conforto, a tranquilidade, que tiveram medo do risco, estas se concentraram sobre si mesmas numa existência diminuída, parasitária, e se transformaram em fósseis vivos. Uma lei da existência, uma lei da vida, é esta proporcionalidade entre o correr o risco, o tentar a aventura e o sucesso obtido: a vida não é avareza, concentração sobre si mesmo. Ela é comunicação, invenção, descoberta do desconhecido, e toda invenção vital constitui um risco. Toda fecundidade implica esta saída de si mesmo que constitui um risco e um dom.

Assim, Cristo, longe de ensinar uma moral repressiva, negativa, feita de proibições do tipo "não farás isto, não farás aquilo", ensina principalmente quais são as leis da fecundidade. O que Ele pede, o que Ele inspira – de acordo com o mandamento já inscrito na primeira página da Bíblia hebraica – é a fecundidade, a cooperação ativa do ser humano com a Obra da Criação.

Esta exigência de frutificação também é ensinada por Cristo na Parábola dos Talentos (um talento era uma moeda que valia cerca de 6 mil francos ouro). Vale a pena lê-la, sem comentário:

O Reino dos Céus será também como um homem que, tendo de viajar para o exterior, chamou os seus escravos e confiou-lhes os bens.

A um deu cinco talentos, a outro dois e ao terceiro um, segundo a capacidade de cada um. Depois partiu. Imediatamente, o que recebeu cinco talentos saiu e negociou com eles, ganhando outros cinco. Do mesmo modo, o escravo que recebeu dois talentos ganhou outros dois. Mas o que recebeu um, saiu, cavou um buraco na terra e escondeu o dinheiro de seu senhor. Passado muito tempo, voltou o senhor daqueles escravos e pediu-lhes conta do dinheiro. O que havia recebido cinco talentos aproximou-se e apresentou outros cinco: "Senhor – disse ele – confiaste-me cinco talentos, aqui tens outros cinco que ganhei." O senhor disse-lhe: "Muito bem, escravo bom e fiel; foste fiel no pouco, eu te confiarei muito; vem alegrar-te com teu senhor." Chegou o escravo dos dois talentos e disse: "Senhor, dois talentos me deste, aqui tens outros dois que ganhei." O senhor lhe disse: "Muito bem, escravo bom e fiel; foste fiel no pouco, eu te confiarei muito; vem alegrar-te com teu senhor." Aproximou-se também o que havia recebido apenas um talento e disse: "Senhor, sei que és homem duro, que colhes onde não semeaste e recolhes onde não espalhaste. Por isso tive medo e fui esconder teu talento na terra; aqui tens o que é teu." Respondeu o senhor: "Escravo mau e preguiçoso, sabias que colho onde não semeei e recolho onde não espalhei. Devias, pois, depositar meu dinheiro num Banco para, na volta, eu receber com juros o que é meu. Tirai-lhe o talento e dai-o ao que tem dez. Pois ao que tem muito, mais lhe será dado e ele terá em abundância. Mas ao que não tem, até mesmo o que tem lhe será tirado" (Mt 25,14-29).

A conclusão pode chocar. Não obstante, é a própria lei da vida. "Aquele que não dá nada, nada recebe." Quanto mais se dá, quanto mais a pessoa se dá, mais se recebe. Mas não devemos equivocar-nos com o sentido dessas palavras.

São palavras iniciáticas, isto é, sua função é fazer-nos passar a um outro nível de ser e de consciência. Pode-se dar muito dinheiro, mas isto não quer dizer que se vai receber mais dinheiro. Mas ao dar e ao dar-se, o que se "perde em ter" readquire-se no nível do ser...

É assim que se adquire uma certa qualidade de coração, de generosidade, que nos torna semelhantes a Deus – uma certa qualidade de ser.

"Sede perfeitos como vosso Pai celeste é perfeito. Ele que faz brilhar seu sol sobre os bons e sobre os maus!"

Se o sol está em nós, por que agarrar-nos à pálida luz de nossos lampadários?

Amai e sereis amados! Amai até os vossos inimigos e assim só tereis amigos na Terra, dirá Santo Agostinho.

Pressente-se que receber uma informação como esta, uma palavra como esta, não é fácil da parte daquele que a escuta. O grande obstáculo a esta exigência de dom e de frutificação é o *medo*. O medo de perder-se, de dar-se, que é o próprio medo da vida, o medo do Amor.

Esta resistência à informação criadora, comunicada por Jesus Cristo, esta resistência é o que a Bíblia chama de pecado, ou então de dureza de coração. O que é um coração duro, um coração de pedra? É aquele que não pode acolher o grão, a semente, a informação criadora (cf. a Parábola do Semeador, onde a palavra de Cristo é comparada a uma semente que é acolhida de modo diverso: por espinheiros que a sufocam, por uma boa terra que lhe permite germinar e produzir frutos, mas também pela pedra sobre a qual ela seca e fenece).

Há vários tipos de resistência à informação. Na ordem política, um Estado totalitário não tem interesse em deixar passar a informação; ele a proíbe com a censura.

Na ordem econômica, pode-se ter interesse em não esclarecer certos métodos, certos processos, certos acordos; também aqui, a censura vai intervir.

Na ordem psicológica, o "inconsciente" faz resistência à tomada de consciência da pessoa, de seus próprios conflitos e de seus próprios impulsos.

Em todos os casos, temos uma resistência à informação, à verdade, que é perseguida, recalcada.

Jesus nos ensina que também existe uma resistência de ordem espiritual, que é uma recusa de crescer, de frutificar, de transformar-se. Uma recusa de abrir-se à ordem divina – o que os teólogos chamam de ordem teologal. O ser humano pode recusar-se a tornar-se Deus, contentar-se com sua condição humana, satisfazer-se com uma vida feita para morrer. Ele pode recusar o dom da eternidade que Deus lhe oferece.

Como o *scanner* descobre um tumor maligno no cérebro quando o rosto não dá nenhum sinal aparente de doença, assim o olhar de Jesus – quando Ele descobre o pecado – é sempre "terapêutico". Ele descobre o "câncer" que corrói o coração do ser humano, a dúvida e o desespero misteriosos que devoram o fígado e lhe repetem sem cessar: "Para quê? Tudo isto não é para a morte, tudo não voltará ao nada? Para que amar, para que viver?"

"Tudo é vaidade e o vento tudo leva." Jesus vê o coração da pessoa, aquela resistência ao teologal, à fé, à esperança, à caridade.

Há uma resistência misteriosa no ser humano que nos faz duvidar da ressurreição, da própria força da vida e do amor que, através de todas as nossas paixões e nossas mortes cotidianas, nos conduz à própria participação da vida do Deus vivo.

Mas há, apesar de tudo, homens e mulheres que não resistiram ao ensinamento de Cristo, que se converteram. "A conversão – como nos diz João Damasceno – é o retorno do que é contrário à natureza para o que lhe é próprio." Homens e mulheres ao ouvir a palavra de Cristo foram reinformados. Eles reencontraram seu bom-senso: como a árvore se volta irresistivelmente para a luz, eles se voltaram livremente para Deus, para Aquele que Jesus chama seu Pai e que é a própria fonte das informações que Ele comunica.

Antes de aprender de Jesus a ensinar e a curar, eles aprenderam dele a "ser mansos e humildes de coração". "Aprendei de mim – disse Jesus – que sou manso e humilde de coração." Isto quer dizer que o ensinamento de Jesus não deve ser buscado apenas em suas palavras, mas também em suas atitudes, em seu comportamento. Ele *é* Palavra-Ensinamento, como um todo.

A mansidão e a humildade... eis duas coisas que não se ensinam na universidade. Lá se aprende antes o contrário: como tornar-se o mais forte, como atingir o sucesso.

Jesus forma – informa – seus discípulos através de seu exemplo. Ele próprio coloca em prática suas palavras (e é nisto que Ele é diferente dos fariseus, que proclamam a verdade mas não a "praticam"). Colocar em prática suas palavras, seu comportamento, é deixar-nos penetrar por suas informações, e então "todas as coisas serão novas". A vida terá mudado.

Não julgar, não se preocupar com o dia de amanhã, fazer-se pobre voluntariamente, ser manso, humilde, misericordioso, promover a paz – tantas informações evangélicas que, se as deixássemos penetrar no ser humano, fariam uma humanidade nova, uma humanidade em vias de divinização.

Esta humanidade penetrada pelas informações evangélicas, esta humanidade em vias de divinização, é o que Jesus chama de Reino de Deus e que Ele compara mais uma vez com um grão que deve germinar e crescer.

Vem o momento em que Jesus – depois de ter comunicado seu ensinamento a um pequeno número de homens e de mulheres que o acolhiam, pessoas simples, na maioria sem pretensão – vai pedir-lhes que transmitam, por sua vez, o que dele receberam, a fim de que o grão se torne uma árvore, uma grande árvore na qual todos os pássaros, todos os humanos, possam fazer seu ninho, descobrir sua verdadeira identidade.

Jesus comunica o poder de curar e de ensinar

Vimos que relações e que analogias existem entre o poder de comunicar uma Informação que é um ensinamento, uma ciência, e o poder de curar, isto é, de reinformar organismos que perderam a informação biológica normal para esta ou aquela função.

Jesus comunica a seus "estudantes", amigos e discípulos, seus dois poderes, o de ensinar a doutrina que vem dele, e o de curar.

Marcos 6,7-8:

> Ele chamou os doze e começou a enviá-los dois a dois, dando-lhes poder sobre os espíritos impuros. Recomendou-lhes que não levassem para a viagem nada mais do que um bastão; nem pão, nem sacola, nem dinheiro...

Mateus 10,7s:

> Pelo caminho, proclamai a Boa-nova – está próximo o Reino. Curai os enfermos, ressuscitai os mortos, limpai os leprosos, expulsai os demônios, gratuitamente, como um dom. De graça recebestes, dai de graça.

Ele os envia como "cordeiros no meio de lobos" e recomenda-lhes que "sejam prudentes como serpentes e simples como pombas". Lembra-lhes que o servo não é maior do que seu senhor. Se a ele o trataram de demônio, eles encontrarão as mesmas dificuldades, a mesma resistência à informação, mas que eles não têm nada a temer, nem mesmo preocupar-se com o que vão responder, caso alguém os interrogue, pois o Espírito Santo falará neles, e assim quer lembrar-lhes que não devem apropriar-se da informação que comunicam. Eles não devem fazer-se chamar de "mestre" ou "doutor", nem mesmo de "pai", porque só Deus é o Mestre, a fonte da informação, seja ela genética, profética ou sapiencial.

Jesus pede ainda a seus discípulos que sejam prudentes na comunicação do que aprenderam. Não adianta nada querer a todo custo ensinar a pessoas que não estão preparadas para receber, ou que não querem receber os tesouros da sabedoria e da ciência.

Se o discípulo ensinar imprudentemente as doutrinas mais preciosas a pessoas que não estão aptas ou que não querem recebê-las, elas espezinharão com desprezo as maravilhas que lhes foram comunicadas.

Mateus 7,6:

> Não deis o que é santo aos cães e não jogueis vossas pérolas aos porcos, para não acontecer que estes as calquem com suas patas, e aqueles, voltando-se contra vós, vos dilacerem.

O ensinamento evangélico é algo extremamente fino e sutil que exige, para ser bem compreendido, um coração puro. Um espírito grosseiro ou um coração cheio de cobiça só pode deformar a mensagem.

A flor dá seu pólen, e onde a abelha faz seu mel o zangão produz seu veneno...

Há pessoas bem instruídas, com muitos diplomas, de espírito bastante grosseiro, sem finura. E há pessoas bem simples, sem grande instrução, sem referências universitárias, de espírito bem fino, aberto ao sutil. Também os "porcos" de que fala Jesus, e aos quais é perigoso transmitir seu ensinamento, não designam uma classe social particular, mas uma parte de nós mesmos: o lado "porcino" de nosso ser que tem sempre a tendência de tudo reduzir às nossas pequenas categorias, aquele apetite de destruição, desejoso de reduzir a migalhas as pérolas evangélicas, em vez de iluminar-se com sua luz.

A informação comunicada por Cristo através dos séculos

O que vão se tornar essas informações comunicadas por Jesus, essas informações que esclarecem e que curam, que convertem o ser humano a Deus e fazem dele um ser novo? O que vão se tornar através dos séculos?

O que se tornam essas informações, este ensinamento, quando, por sua vez, os discípulos transmitem o que receberam?

No processo pelo qual eles comunicam aos homens e mulheres de seu povo um ensinamento que vem de Deus, os antigos profetas de Israel não são intermediários puramente passivos. Ao contrário, eles são ativos e cooperantes; eles pensam, falam, agem e ensinam com toda a sua personalidade, seu caráter, seu temperamento e sua cultura. Não são simples canais ou tubos pelos quais escoaria a revelação.

O mesmo acontece com os discípulos de Jesus que transmitem a Palavra dele. Eles a transmitem de acordo com o que são, e sempre é bom repetir que a Bíblia e o Evangelho não são a "Palavra de Deus" no sentido estrito do termo. A Bíblia não é um "livro de oráculos"; é uma biblioteca cujos livros foram escritos por pessoas inspiradas por Deus, uma biblioteca essencialmente humana e essencialmente divina: teândrica! Aqueles que receberam o ensinamento de Jesus o repensaram e exprimiram, como é normal, cada qual à sua maneira, de acordo com sua psicologia, suas preocupações e as circunstâncias históricas. Assim se explicam as diferenças entre os quatro relatos da vida e do ensinamento de Cristo: Mateus, Marcos, Lucas e João.

A informação comunicada por Jesus era uma Palavra *viva*, endereçada a alguém numa situação precisa, e que tinha o poder de interpelá-lo, reerguê-lo, acalmá-lo ou confundi-lo.

Será que esta Palavra viva quando se torna uma palavra escrita conserva todo o seu poder? Não se tornaria um conjunto de palavras, uma linguagem?

Perdemos também o "tom" que informa o sentido da palavra. Como Jesus teria dito "tu amarás"? Com o tom de preceito: "Tu deves amar!"? Ou com o tom de incentivo, de esperança: "Um dia... tu amarás!"?

Aí está um dos problemas da transmissão do conhecimento no cristianismo (e também em outras tradições). Podemos transmitir as próprias palavras de Cristo com toda a fidelidade e respeito possíveis, sem transmitir sua Palavra. E podemos ler os Evangelhos como palavras sábias ou insensatas, sem sermos verdadeiramente tocados pela presença do Outro que as pronuncia.

A informação permanece na superfície, sem penetrar no íntimo.

Assim, o Evangelho se transmite facilmente como linguagem, mas não se torna Palavra, a não ser na boca de santos e nos ouvidos de quem deseja, nos ouvidos de quem tem um coração que espera e que presta atenção.

Podemos ser mestres da linguagem, mas não da Palavra de Deus. Podemos transmitir as palavras exatas do Evangelho e do credo, mas não podemos transmitir a fé. A fé é um conhecimento para o qual é preciso despertar, é Deus conhecendo-se a Si mesmo em nós.

Uma segunda dificuldade vem acrescentar-se a isto: os primeiros apóstolos não eram padres, mas leigos, tirados da multidão. Eles iam de cidade em cidade, sem parar, para contar o que tinham visto e comunicar a informação que haviam recebido. Davam testemunho, porém bem depressa viram que não bastava somente colocar todos esses testemunhos por escrito, mas também instituir ministros para explicar e comentar esses escritos...

Assim, os historiadores distinguem uma era do *kerygma*, o anúncio propriamente dito da ressurreição de Jesus e de seu ensinamento, depois uma era da catequese, porque, depois de passado o primeiro choque, as populações necessitavam de explicações, de discussões e de conceitualizações.

Na mesma ocasião, aumentando o número de fiéis, foi preciso instaurar uma ordem, uma disciplina, manter a unidade da fé.

Os itinerantes deram lugar a ministros estáveis que, em cada cidade, se ocupavam do culto, da pregação, da formação dos neófitos, do batismo, da esmola. Em suma, velavam pela vida cotidiana da comunidade.

Esses responsáveis, que eram literalmente "controladores" (é este exatamente o sentido de *episcopes*, que originou "bispo"), formaram naturalmente uma hierarquia que se reservava o direito de interpretar os escritos evangélicos.

A informação criadora, Palavra viva que se dirige a alguém, que o converte, o transforma, pode tornar-se palavra escrita (teologia, depois catecismo), letra morta que é preciso aprender sem compreender – mais ou menos como uma cobra engole uma ratazana, sem nada mastigar, sem nada assimilar.

Então a informação não cumpre mais sua obra de transformação e não faz mais o ser humano evoluir para Deus. Ao contrário, ela o mantém num estágio infantil em que se trata de repetir o que se ouviu, sem fazer irromper em sua vida a própria presença de Deus Vivo.

Mas a comunidade dos crentes não é composta de papagaios. Em todas as épocas houve homens e mulheres que receberam a informação transmitida por Jesus. Sua vida foi transformada e eles comunicaram, por sua vez, "a centelha que inflama". Nós os chamamos santos ou místicos. Eles falam com todo o seu ser do amor e da beleza de Deus; suas lágrimas e seus cantos nos transmitem ainda hoje o conhecimento e o amor das bem-aventuranças.

O Espírito Santo hoje

Na verdade, o Espírito Santo, o Espírito de Jesus, é o mesmo ontem e hoje... É o mesmo no tempo e na eternidade, dizia Simeão, o Novo Teólogo.

Pentecostes é hoje, é cada dia, quando por um profundo abandono deixamos de agarrar-nos às imagens que temos de nós mesmos, àquelas velhas programações que datam pelo menos do começo do reino dos mamíferos e que São Paulo chama "o velho homem".

Essas velhas programações, este cérebro réptil, nos mandam, por exemplo, responder à agressão pela agressão. Elas nos recomendam a defesa do território... e Jesus nos traz um novo espírito, um novo programa: "Se alguém te ferir numa face, apresenta-lhe a outra." Trata-se de responder à agressão pela criação, como fez o próprio Criador, que quer a expansão do ser e não sua destruição.

Esta nova programação estimula não somente nosso neocórtex, mas faz de nós os cooperadores de Deus.

A finalidade da informação é transformar "o velho homem" em "homem novo".

Depois de sua paixão, do alto da cruz, Jesus deu um grande grito, e expirou. Deveríamos traduzir literalmente: "Ele transmitiu seu Espírito, seu Pneuma, seu Sopro." É deste Sopro, deste Espírito, que deveriam viver os cristãos depois de Pentecostes, deste Espírito que nos lembra tudo o que Jesus nos disse. Este Espírito – nosso mestre interior – nos comunica interiormente as mesmas transformações que Jesus comunicou a seus discípulos nos caminhos da Galileia...

Assim, nosso futuro, se não resistimos à informação criadora, é ainda o Pentecostes. Os caminhos da metamorfose, da ressurreição, inscrevem-se no nosso patrimônio genético.

O Reino de Deus está próximo: é a vida de Deus no ser humano, é a vida do ser humano em Deus. Como dizia o Mestre Eckhart: "Jesus Cristo é o Verbo, o Logos, que vem encarnar-se em cada um de nós."

2
Por uma psicoterapia iniciática*

Quando perguntei a Karlfried Graf Dürckheim quais são os elementos essenciais do que ele chama – com Maria Hippius – "psicoterapia iniciática", ele me respondeu:

1) Tomar em consideração momentos privilegiados da existência.

2) Restabelecer o vínculo "eu existencial" e "ser essencial" por meio do exercício – exercício que é um trabalho sobre o corpo que *somos* e purificação do inconsciente.

3) Permanecer à escuta do mestre interior.

Minha exposição não fará mais do que seguir e desenvolver essas três orientações principais, referindo-me sem cessar às obras de K. Graf Dürckheim e à minha própria prática de análise.

Os momentos privilegiados

O ponto de partida da psicoterapia iniciática é levar em consideração instantes privilegiados de nossa existência, aquelas "horas estreladas" que, através da noite, provam que o dia existe.

Na psicanálise freudiana, o interesse recai mais sobre as memórias e os traumatismos da infância. Começar pelas "boas"

---

* Conferência dada no colóquio "K.G. Dürckheim, M. Hippius", publicada nas Éditions de l'Ouvert, em *L'École de Todmos Rütte*, em 1985.

memórias é "orientar" a terapia no sentido próprio do termo: dar-lhe seu oriente, seu sentido.

Este ponto de partida da anamnese é importante: o que remonta à consciência, na psicoterapia iniciática, não é somente o inconsciente, o infraconsciente. É também o supraconsciente, o que chamaríamos hoje de transpessoal: o que, além do inconsciente e do consciente, os integra e os transcende.

Orientar a anamnese para as "horas estreladas" não quer dizer ignorar os traumatismos da primeira infância que estão à origem das psicoses e das neuroses do adulto, mas que uma vez estabelecida e reconhecida na consciência a presença do Ser, uma vez centrada nesta consciência, poder-se-á levar em consideração com mais lucidez e esperança os nós e as opacidades que a deformam. Poder-se-á entrar mais facilmente no combate com a sombra e descer aos seus infernos. Aventurar-se no túnel do inconsciente sem ter experimentado que a luz está no fim é perigoso. Basta pensar naqueles para os quais o "suicídio" parece ter sido a "conclusão lógica" de sua análise.

Geralmente, no começo de uma sequência de entrevistas, Graf Dürckheim pergunta:

Quais foram os momentos privilegiados de sua vida?

Há instantes [precisa ele] em que nos sentimos levados para fora da realidade familiar. O que experimentamos, então, parece não ser "deste" mundo. Trata-se de momentos singulares, marcados por algo maravilhoso que de repente nos toca. Tudo que vivemos está impregnado de uma qualidade particular. Uma espécie de encantamento nos torna ao mesmo tempo estranhos e absolutamente nós-mesmos.

É impossível dizer o que é e, aliás, se isto não fosse indizível, não seria mais "isto". Mesmo tratando-se de um sentido desconhecido, este inapreensível, este Totalmente Outro, é, entretanto, real, porque dele emana uma força que lhe é própria. Ela banha com uma claridade e um calor singulares nossa consciência de viver. Por um instante, desligados dos poderes cotidianos, experimentamos uma impressão de extraordinária liberdade[1].

Karlfried Graf Dürckheim – com C.G. Jung e R. Otto – falará ainda de "numinoso":

> Conceito que designa uma qualidade de vivência em que nos é revelado o afloramento de uma outra dimensão, de uma realidade que transcende o horizonte da consciência ordinária... Tudo que nos faz tremer de terror ou de alegria, tudo que nos interpela além do horizonte de nossa realidade cotidiana possui uma qualidade numinosa [...]
>
> O que é vivido como numinoso, luz ou trevas, ameaça (ou transcende) a realidade tão ordenada de nosso meio habitual e circunscrito, e nos faz tremer...

(Muito teríamos a dizer sobre este "tremer", desde o tremer erótico até o frêmito diante de Deus. Chouraqui traduz "temer a Deus, princípio do saber", por "tremer de Adonai, princípio do saber". Este estremecimento é uma certa qualidade de vibração psicossensorial que dá aos elementos materiais do nosso ser as qualidades e os talentos da energia.)

Graf Dürckheim distingue quatro lugares privilegiados de vibração, de abertura de todo o nosso ser a esta outra dimensão: a natureza, a arte, o encontro, o culto.

Todos nós já experimentamos alguns desses momentos privilegiados de harmonia e de unidade na "Grande Natureza"; esta estreita "interconexão de todas as coisas" descoberta pela física contemporânea, nós pudemos prová-la com todas as fibras do nosso

---

1. *Méditer, comment et pourquoi*, p. 19.

ser; de repente não éramos mais estranhos ao mundo, mas irmãos das galáxias: "poeira de estrelas". Parecia que a consciência dual que coloca sem cessar o sujeito diante do objeto estava abolida e se revelava a nós uma unidade que não era uma mistura, mas o tutear múltiplo dos seres e das coisas. Estávamos realmente "na" paisagem e não mais "diante", isto é, diante da representação mental ou da interpretação, dada pelo nosso cérebro, dessas ondas infinitas que chamamos paisagem.

Então é a árvore, é a montanha que vêm a nós... Tudo é imóvel, tudo é pacífico, só "o olho do melro tremeu"... Ele nos olha.

Mas, para alguns, a natureza é uma língua morta, uma cifra secreta, a areia do deserto sepulta mais do que acaricia... A estes, a linguagem da arte talvez falará mais. É através dela que o ser virá tocá-los, no segundo acorde de uma sinfonia, ou neste "azul" de uma tela cujo autor é ignorado...

Porém, o privilégio não é apenas ouvir a música, mas poder tocá-la; gostar de olhar quadros, mas também pintar. Não é apenas ler ou escutar um poema, é poder escrevê-lo. Pode-se então sentir-se investido por um sopro mais vasto que o seu próprio, sentir-se "inspirado": já não sou eu, é a música *em* mim; já não sou eu, é a dança, eu sou dançado...

Muitas vezes isto não dura mais que alguns instantes, misteriosa coincidência do ser humano com o mais profundo de si mesmo: "transcendência imanente" que se chamará sua "musa" ou seu "gênio".

Quando não é a paranoia que os corrói, ficamos impressionados com a humildade dos grandes artistas (como também dos grandes sábios). Eles consideram indecente atribuir-se a si mesmos a qualidade de sua inspiração, apesar de custar-lhes muito trabalho para traduzir – mesmo de modo aproximado – a efervescência de suas fontes.

O Totalmente Outro não é nomeado, pode até ser negado por uma parte deles mesmos. Entretanto, eles esperam a visita do Desconhecido que os exalta e que às vezes os quebra...

Mas o transcendente só fala aos grandes artistas. Existem modos "inspirados" de ouvir música, de ler um poema, ou simplesmente de dançar – a pessoa se abandona durante alguns instantes ao que a transporta, e este instante possui uma lucidez que dura e que pode, nos meandros de uma memória, esclarecer ainda o futuro.

Há também o encontro do homem com o homem e do homem com a mulher. Sob a opacidade da máscara, às vezes existe o encontro do rosto. O próximo, por um instante, eu o reconheço como "eu-mesmo", e "eis o osso dos meus ossos, a carne de minha carne", cantava nosso ancestral Adão. Por um instante, não somos mais inimigos ou cúmplices, somos únicos e somos *um*; nós nos reconhecemos "há tanto tempo" ou desde a origem, que é aqui e agora.

O encontro numinoso pode começar ao simples nível erótico. Por que dizemos sempre "ter o diabo na carne, na pele"? Se o diabo vem à nossa pele, é porque Deus já não está muito nela. O diabo toma em nós o lugar que não ousamos dar ao amor. "Se vocês soubessem como a pele é profunda!" – dizia Valéry...

Muitos sucumbiram à carne, mas alguns sabem que foi nela que uma verdade os tocou; foi nela que Deus se encarnou.

O Ser, no vazio profundo do encontro, desperta o ser humano inteiro: o corpo, a alma e o espírito. Então, tem-se a impressão de que este encontro não foi fruto do acaso. Alguém parecia guiá-lo, e a gratidão se torna oração: "Jamais agradecerei bastante Àquele que é de te haver encontrado..."

O ritual

A natureza, a arte, o encontro... para Graf Dürckheim há também aquele lugar privilegiado em que a presença do numinoso pode tornar-se sensível: é o culto.

Pode ser a beleza do canto litúrgico ou a qualidade de um silêncio, uma palavra de um texto sagrado que de repente nos fala e parece dirigir-se a nós. Talvez não seja nada de tudo isto ou tudo isto junto.

"Eis de repente que vós sois alguém", dizia Claudel no dia de sua conversão na Catedral de Notre-Dame em Paris. Não mais o desconhecido ou a "causa primeira". A certeza inimaginável e impensável: eis de repente que ela toca o coração e as entranhas da pessoa!

A todas essas experiências tão diversas que K. Graf Dürckheim reúne sob a categoria de "experiências do Ser" poderíamos ajuntar muitas outras. O Ser fala a cada pessoa numa linguagem que ela compreende.

Às pessoas "bizarras", ele fala alguma coisa bizarramente. Nunca me esquecerei de Filomena, a cabrita que gostava de subir à mesa e que, um dia, desfiou no meu prato o rosário de suas bolotas impecáveis. Esta experiência foi realmente uma experiência do "numinoso" para mim. Eu não acreditava em Deus nem no diabo, mas a consideração atenta de suas bolotas despertou em mim uma surpresa – não ouso dizer um êxtase – que me faz hoje não apenas rir, mas também pensar.

Uma bolota de cabra é "quase perfeita". A perfeição num excremento...

Se nos detivermos a contemplar a bolota, não estaremos longe do "nirvana no samsara" de que falam os budas: o infinito no finito, o sem-forma na forma...

Foi preciso esperar muito tempo (a leitura de Mestre Eckhart e de alguns sábios do Mahayana) para re-entender – numa linguagem sem dúvida mais "própria" – a lição de Filomena...

Jacques Castermane falava do olhar da criança ou do recém--nascido como de uma experiência possível do numinoso. É verdade que os olhos das crianças são grandes catedrais, "os pórticos do Mistério", e a diferença que há entre Deus e a natureza não seria a diferença que há entre o azul do céu e o azul de um olhar?

Existe também a beleza pungente da criança que dorme... Olivier Clément dizia: "Só os santos sabem rezar como as crianças sabem dormir..."

O numinoso aparece nesta qualidade de abandono e de abrir mão que muitas vezes se encontrará somente no rosto dos mortos, aquele famoso rosto de antes do nascimento de que falam os mestres zen – nosso rosto de eternidade.

A experiência do numinoso nem sempre é uma experiência do luminoso; pode ser, ao contrário, uma experiência de terror e de destruição.

O sofrimento, o absurdo, a solidão e a morte também são situações existenciais propícias à revelação do Ser. Graf Dürckheim falará de "aceitação do inaceitável". Eu direi de preferência: de não dualidade com o inevitável, pois a palavra "aceitação" tem na nossa mentalidade uma conotação de passividade, ao passo que se trata de dizer "sim", de "não ser dois" com o sofrimento, o absurdo, a solidão e a morte, quando nós os encontramos no nosso caminho.

Esta atitude de aceitação positiva tem o poder misterioso de transformar o impasse em "passagem".

Todos nós conhecemos esses momentos de dor insuportável, por ocasião de um acidente ou de uma doença; e quanto mais tentávamos fugir deste sofrimento, mais ele redobrava.

É a fadiga? É a virtude que nos leva a este momento de aceitação do inaceitável? Pouco importa. Mas há como que uma demora, um momento de "passagem" para um lugar de nós mesmos que não sofre, um além, um "não nascido – não criado" que ignora a dor...

O mesmo acontece com o absurdo. Todos nós conhecemos momentos de ambiguidade intolerável, situações sem saída em que a pessoa pode se sentir à beira da loucura. A uma razão opõe-se uma outra razão, a uma explicação, opõe-se uma outra explicação. "Um louco – dizia Chesterton – é alguém que perdeu tudo, salvo a razão." Se somos capazes de aceitar não compreender, se não queremos fazer entrar o real nas nossas pequenas categorias, se suspendemos o nosso julgamento... este momento de absurdidade e de loucura *pode* ser o momento de uma passagem para um Sentido além da razão, além da consciência ordinária que, ela, "sempre pensa opondo-se".

Os físicos contemporâneos parecem bem treinados a entrar neste novo modo de consciência quando descobrem que o Universo se assemelha mais a um vasto pensamento, um pouco vago, do que a uma máquina que se decompõe facilmente. A matéria só tem "tendência a existir": estamos aí e não estamos aí, somos ondas e partículas ao mesmo tempo etc. A visão cientista do mundo nada mais tem a ver com a ciência. A linguagem dos poetas e dos místicos parece mais apropriada para descrever "o que é".

O absurdo poderia realmente ser apenas o reverso da graça, um modo de encarar o real em sua gratuidade, em sua não necessidade. Dizer sim ao absurdo e ao vago de nossa condição humana e cósmica é viver surpreendido e "aceitar este estado surpreendente como permanência" – o que é absurdo a um certo nível de consciência não o é a um outro. A passagem pelo absurdo pode ser o despertar do Sentido novo que orientará nossa existência.

A solidão também faz parte desses "inevitáveis" que encontramos no nosso caminho. Também neste caso, quanto mais fugimos, mais ela se aproxima; o divertimento não faz mais do que retardar uma opressão mais forte. Se soubermos aceitá-la como elemento de nossa vida humana ("nascemos sozinhos e morremos sozinhos"), pode acontecer uma abertura. Tocamos em nós mesmos aquele ponto em que estamos em comunhão com todos os seres.

No próprio âmago da solidão aceita, descobrimos que jamais estamos sós. "Sentir-se" só também está ligado a um certo nível de consciência, ou a um certo nível de identificação com o "eu". Na solidão, quem sofre é antes de tudo o eu. Ele sofre porque não se sente mais reconhecido, compreendido, admirado ou até odiado.

A solidão pode ser a prova iniciática que nos conduz "além do eu". Tendo aceito e "abandonado" este "eu solitário", revela-se o "nós" de nossa inseparabilidade com todos os seres. É então que, nesta solidão, podemos agir realmente sobre o nosso ambiente, próximo ou longínquo, e verificar que "quem se eleva, eleva o mundo".

Da morte

Vem enfim o quarto "inevitável", ao qual ninguém escapa: a morte. Também aqui, lutar contra ela só faz torná-la mais dolorosa. Acolher a morte, desposá-la, faz dela o mais alto lugar de nossa vida. Neste caso, como através dos diferentes abandonos diante do sofrimento, da solidão e do absurdo (que eram como treinos para esta última hora), revela-se a Presença do Ser que é vida mais forte do que a morte, sentido além dos contrários, comunhão no mais profundo das solidões.

Além do meu sopro, descubro a Fonte do sopro, a Presença de um "Eu Sou" que nem o sofrimento, nem o absurdo, nem a solidão, nem a morte podem destruir. Em linguagem cristã, diríamos: no centro da cruz, descubro a ressurreição!

Tudo isto não é objeto de crença ou de especulações, mas experiência que a linguagem de nossas tradições ou de nossa fé pode nos ajudar a traduzir. Mas, além das palavras, o que importa é a realidade desta experiência. Muitas vezes esquecemos que à origem das grandes religiões da humanidade há tais experiências. Tudo que sabemos de Deus é sempre um ser humano que o diz e que o prova. Além das linguagens e das tradições, trata-se de encontrar a experiência que elas nos transmitem.

Qual foi, por exemplo, a experiência de Abraão, quando contemplava o céu estrelado? Ou a experiência de Moisés quando, na sarça ardente do cotidiano, sentia a presença do Eterno?

Diante dessas experiências do Ser ou do numinoso, vários perigos nos espreitam. Podemos esquecê-los ou considerá-los como "graças" únicas que nunca mais conheceremos.

É aqui que a via iniciática se distingue da via mística. No caminho iniciático, a graça é um estado de ser e de relação com o real absoluto que se trata de encontrar pelo exercício ou pela ascese (o "trabalho bem ordenado sobre si mesmo", segundo a bela definição de Tomás de Aquino). Do contrário, este "momento de graça" acaba por ser esquecido. Então o consideraremos com alguma nostalgia, sem pensar que ele possa definir o "fundo" permanente de nossa existência.

O segundo perigo é o recalque dessas experiências – o que Maslow e a psicologia humanista chamam de "complexo de Jonas": "É belo demais, é grande demais para mim", "é bom demais para ser verdade", "isto só pode ser meu fantasma"...

Intervém então a tentação, tão frequente, de explicar o mais alto pelo mais baixo, aquela hermenêutica redutora, característica de várias correntes da psicologia contemporânea.

Penso na correspondência de Freud com Romain Rolland. Este escrevia a Freud por ocasião de sua viagem à Índia em que tinha vivido junto de um sábio um momento de paz e de harmonia intensas, um "sentimento oceânico", onde se sentia reconciliado com a humanidade e com o Universo. Freud lhe respondeu que o que ele acabava de viver era um momento de regressão particularmente feliz: este "sentimento oceânico" só podia ser aquele que ele conheceu no útero de sua mãe...

O niilismo se caracteriza por esta pequena frase: "Não é nada mais do que..."

Li uma tese enorme (600 páginas!) de um psicanalista alemão que explica todo o gênio de Goethe, sua produção literária de alto nível, por problemas de "ejaculação precoce"... Se todos que têm este tipo de problema tivessem tanto gênio...

Há pelo menos dois modos de olhar uma flor-de-lótus. Um diz "não é mais do que lodo" e o outro se maravilha ao ver florir uma tal luz no meio da lama.

Também há duas maneiras de olhar um ser humano: o olhar da psicologia redutora que afirma que ele é apenas um conjunto de complexos, estruturas condicionadas pelos feitos e malfeitos da primeira infância; e o olhar de uma outra psicologia que se admira ao ver crescer, através da multidão dos nós e das memórias organizados em complexos, a possibilidade ou a emergência de uma liberdade maior e de uma nova consciência.

O terceiro perigo é querer reproduzir as condições espaçotemporais nas quais esta experiência se manifestou. A mesma paisagem, o mesmo quadro, a mesma pessoa, a alguns anos de distância, não provocarão mais a mesma abertura, o mesmo sentimento de unidade. É o perigo de identificar o Ser com os elementos de sua manifestação.

A originalidade da psicoterapia iniciática é levar em consideração essas experiências sem idolatrá-las. Trata-se de um dom gratuito do Ser que temos o poder de "cultivar", sem tentar reproduzi-lo, mas buscando entrar em ressonância com o estado de despertar que ele pôde provocar. É crer, sobretudo, que não é um fantasma ou uma ilusão que deveríamos esquecer e recalcar, mas a emergência de nossa realidade mais profunda. Todo o trabalho da terapia consistirá em estabelecer um vínculo cada vez mais constante, ou permanente, com esta Presença do Ser cujo sinal foi o momento privilegiado e numinoso.

O Ser essencial

Segundo elemento característico da psicoterapia iniciática: restabelecer o vínculo entre o nosso "eu essencial", nosso eu ordinário (com sua herança genética, social, secular e molecular) e o que Graf Dürckheim chama "Ser essencial". Numa linguagem mais filosófica, diríamos: restabelecer a transparência entre a essência e a existência do ser humano (etimologicamente, a existência é o que exprime a essência: o que a traduz ou a trai). Jung falará de "processos de individuação". Os vínculos entre psicologia iniciática e psicologia analítica são evidentes. Aliás, Graf Dürckheim e Maria Hippius não ocultam tudo que devem à obra de Jung.

Um tema comum a Jung e a Graf Dürckheim sobre o qual insistiremos é o da "sombra". A este respeito, Graf Dürckheim é formal: "Uma busca de iniciação que acreditasse poder evitar a sombra e avançar diretamente para o Ser essencial está fadada ao fracasso durante o trajeto."

O caminho iniciático não é um caminho pavimentado de rosas... mas um caminho cortado por abismos. A expressão "andar na corda bamba" é bem pertinente.

Na selva, são duas cordas bambas que servem de ponte para passar de uma margem à outra. Na "selva do inconsciente", o confronto com a sombra é a própria condição da passagem.

O que é a sombra?

Para Jung, como também para Graf Dürckheim, não se trata do recalque no sentido freudiano do termo. Não é "apenas" a sexualidade recalcada (ainda que também o seja). Pode ser o aspecto feminino de nosso ser (a *anima*), o fato de alguém ser homem ou mulher; podem ser as nossas potencialidades criadoras e artísticas; pode ser sobretudo o recalque de nosso "Ser essencial":

> O núcleo da sombra no ser humano é sua própria essência que ele impediu de manifestar-se...

> De todos os recalques, é este do ser essencial que colo-
> ca mais em perigo o devir integral do ser humano. É
> seu mal intrínseco: nada contraria tanto uma posição
> aparentemente segura e a fachada pacífica de uma "boa
> consciência" existencial como o Ser essencial sufocado.
>
> Seu direito a manifestar-se pela transparência da pessoa
> não é consciente nem reconhecido numa humanidade
> que tem seu eixo no trabalho e na produtividade. Ina-
> ceito, o Ser essencial se torna uma fonte de desconten-
> tamento, de nostalgia e de sofrimentos inexplicáveis, a
> causa de doenças e de perturbações psíquicas[2].

Graf Dürckheim frequentemente gosta de descrever este mal-estar essencial do homem contemporâneo. Pode-se ter tudo que se quer: riquezas, conhecimentos, poder... e mesmo assim falta alguma coisa. O ser humano não é verdadeiramente ele mesmo. Por trás da fachada, ele sente a ilusão de sua existência.

Este momento de lucidez pode ser a tomada de consciência da alienação, da separação do "si mesmo". Mas este momento de crise e esta prova também são uma chance. Eu diria: é a "graça" do caminho iniciático.

Para alguns, isto pode ser a ocasião de uma verdadeira *metanoia*, de uma verdadeira mudança de vida; o que era importante antes já não o é mais. O essencial acaba de bater à nossa porta e não haverá mais verdadeiro sossego, não haverá mais sono profundo enquanto esta porta não se abrir a ele. Pode-se, entretanto, persistir no ter, no saber, no poder e, não obstante, "falta-nos o Ser" e, como diz o poeta, "tudo está despovoado, vazio".

A resistência do ego e o hara

É o ego que resiste. Tantos combates lhe foram necessários para afirmar-se e eis que agora lhe é exigido que passe ao segundo

---

2. Cf. *Méditer, comment et pourquoi*, p. 62-63.

plano, que dê lugar ao si mesmo. O ego toma isso como uma ameaça e tem razão. O indivíduo como ego é ameaçado, é convidado a morrer... Mas o indivíduo que não tem medo, que aceita esta ameaça e que abre mão, torna-se uma pessoa, alguém através do qual o si mesmo, a presença do Ser essencial, pode ressoar e manifestar-se.

A "normalidade" (que eu chamo de "normose" para fazer a conexão com neurose e psicose), mesmo se Freud a chama de "cura ou saúde", pode ser considerada uma "doença" do Ser essencial. Esta normalidade pode tornar-se um obstáculo no caminho da verdadeira realização; é preciso saber colocar em questão a imagem que cada um tem de si ou que a sociedade nos impõe e, através de uma certa solidão, expressar a maneira única pela qual o Ser quer manifestar-se em nós.

Mas quais são os meios concretos que a psicoterapia iniciática nos oferece para estabelecer em nós um contato cada vez menos efêmero com o Ser essencial?

Trata-se primeiramente de estabelecer-se nesta nova consciência por meio do exercício. O exercício pode variar para cada pessoa. Pode ser uma meditação sentada (*zazen*), o desenho meditativo, o trabalho sobre a voz, as artes marciais como o aikidô ou o tai-chi, a ikebana (a via das flores) etc.

Seja qual for o caminho escolhido – ou que nos escolhe – trata-se de colocar-se na atitude certa. O mais acessível, porém, se não o melhor de todos os exercícios, para Graf Dürckheim, é o cotidiano. Cada instante é para nós uma ocasião, o momento favorável para entrar em contato com o Ser: colocar uma carta no correio, encontrar esta ou aquela pessoa, agradável ou desagradável... Penso aqui no que me dizia Maezumi Roshi: "Tu jamais andaste, jamais comeste, jamais dormiste..."

É verdade que jamais caminhamos caminhando... O que fazemos é pensar no lugar de onde viemos ou no lugar para onde vamos. Caminhamos de um lado para o outro, em todos os sentidos... No "cotidiano como exercício", caminhamos também em profundidade. É verdade que jamais comemos comendo... Discutimos, nos irritamos e nos apressamos. O sabor do arroz, o gosto da água nos escapam. Jamais dormimos dormindo. Também neste caso sonhos ou pesadelos nos agitam...

"Jamais vivemos vivendo..." É lastimável esperarmos a morte para nos dar conta de que jamais vivemos...

Nós não nascemos para correr, para ganhar, para adquirir um monte de riquezas ou de honras. Nascemos para viver e o gosto da vida nos escapou... Vivemos em todos os sentidos, mas sem raízes e sem profundidade...

O exercício coloca em jogo um elemento importante do composto humano: o corpo. Antes de tudo, é no nosso corpo que se trata de encontrar a atitude justa, certa.

A psicoterapia iniciática dirige-se assim não apenas ao psiquismo humano, às memórias que o obstruem e à luz essencial que o habita, mas dirige-se também ao corpo humano, às memórias, "tensões, inquietações" que o encerram e à luz essencial que pode transfigurá-lo e dar a este corpo existencial, "pela transparência", as qualidades de um "corpo de luz".

Nisto a psicoterapia iniciática coincide com certo número de terapias contemporâneas que, ao contrário da psicanálise e até da psicologia analítica, estão à escuta do corpo, do que ele traduz, do que ele exprime e do que ele recalca.

Ela coincide também com o tema da "transfiguração" no cristianismo quando, no Monte Tabor, os discípulos viram brilhar, no ser humano e existencial de Cristo, a própria luz do "Jesus eterno" que apareceu a Moisés e a Elias.

A atitude geral justa no corpo que *somos* é condicionada por uma boa fixação no centro de gravidade do ser humano, o centro vital, que também chamamos *hara*. Lowen, na bioenergia e em seus estudos sobre a depressão nervosa, retomará este tema do *hara*. "O deprimido – dirá Lowen – é alguém que perdeu sua fé e seu corpo." Todo o trabalho terapêutico consiste em restituir-lhe a fé na vida, na Grande Vida que o atravessa, além das desventuras e dos fracassos de sua "pequena vida", e a permitir-lhe encontrar seu corpo por meio de exercícios tais como, por exemplo, o enraizamento, diretamente inspirados no trabalho de Graf Dürckheim sobre o *hara*.

Entretanto, não se trata de dar toda a importância ao *hara* e de "idolatrá-lo" de alguma forma, mas simplesmente de recolocá-lo no interior do composto humano em harmonia com o coração e o espírito.

Refiro-me a uma entrevista com Graf Dürckheim em que lhe dizia que decididamente "eu carecia de *hara*". Para minha grande surpresa, ele me respondeu: "Os bandidos sempre terão mais *hara* do que você..."

A força vital está no *hara*, mas é o coração que orienta esta força. Com uma mesma força, pode-se carregar as malas de alguém ou, utilizando-a de outra forma, pode-se espancar esta mesma pessoa...

Podemos ter um *hara* muito bem desenvolvido, mas se nos faltar "coração" e "inteligência", para que serve o *hara*? Talvez sejamos belos e potentes como um carvalho ou como um boi, mas ainda não é aí que está a beleza do ser humano!

Penso também naquela frase que me citava Jean Marchal quando estávamos juntos em Todmoos-Rütte: "É no *hara* que encontramos a nós mesmos. É no coração que encontramos a Deus." Não é para a *guha*, a gruta do coração, que o grande Maharshi orienta a atenção de seus discípulos?

Não obstante, o *hara* caracteriza a atitude fundamental justa. No caminho iniciático, importa dominar o *hara* para que ele faça desaparecer, ao mesmo tempo, o mau centro de gravidade (situado muito "alto") e a supremacia do "pequeno eu". Quem possui o *hara* vê assim desobstruir-se o caminho que leva à percepção do Ser essencial, antes bloqueado pelo "eu".

Portanto, vê-se claramente que o exercício não tem como meta o simples aperfeiçoamento do nosso corpo, mas a transparência daquela dimensão espaçotemporal ao que está além do espaço e do tempo. A saúde profunda do ser humano é a manifestação do invisível no visível, é a encarnação. O abandono não é simplesmente um movimento de relaxamento dos ombros, mas uma atitude profunda de confiança e de abandono nesta força que nos invade – presença do Totalmente Outro em cada um de nós. Este Totalmente Outro, Graf Dürckheim o chama ainda de mestre interior.

O mestre interior

Nas tradições bíblicas, insiste-se particularmente na importância da escuta. O primeiro mandamento, antes de "ama a Deus e a teu próximo", diz "escuta!" Amar sem escutar o outro sempre é perigoso. Sem dúvida, não há mais nada a fazer com o amor se o sentido da alteridade que está incluído na escuta não é respeitado.

Um colega de hospital me dizia que ele considerava curado um doente no dia em que ele se mostrasse capaz de ouvi-lo, isto é, de não interpretar imediatamente suas palavras segundo os critérios e a lógica de seu próprio delírio.

Se esta capacidade de escutar é o sinal genuíno da saúde mental, a qualidade essencial de um terapeuta será, portanto, saber escutar. Mais do que alguém "supostamente sábio", o terapeuta é "supostamente capaz de ouvir".

Uma certa qualidade de ouvir e de atenção permite compreender não somente o relato das perturbações e dos sofrimentos ligados às memórias traumatizantes da primeira infância, mas também compreender a grande angústia do Ser essencial que jamais teve ocasião de manifestar-se.

Pela qualidade desta escuta, o terapeuta despertará o paciente àquele nível de profundidade recalcada que está à raiz de sua perturbação e de seu mal-estar. Ele abre então ao paciente a porta para o seu próprio mistério; ele desempenha, por assim dizer, um papel iniciático. Será que, neste caso, deveríamos considerá-lo como exercendo a função do "mestre" das sociedades tradicionais?

A este respeito, Graf Dürckheim escreve:

> O médico que é, ou gostaria de ser, uma pessoa integral e deseja, por conseguinte, tratar o paciente como um ser integral, deve aprender a criar também no doente as condições que lhe permitem curar-se a partir de seu ser essencial e de testemunhá-lo no mundo. É claro que esta tarefa requer no terapeuta não o médico, mas o mestre, o guru. Isto não deve assustar os terapeutas de hoje. A terapêutica iniciática implica que se guie o ser humano no caminho interior, no sentido em que o fizeram os mestres da vida verdadeira, no curso dos milênios. E, na nossa época, o terapeuta que quer estar em condições de responder aos sofrimentos mais fundamentais não tem outra escolha senão preparar-se para esta tarefa.

Não é uma tarefa fácil! O terapeuta que optou pelo caminho iniciático não consola, nem dá pílulas ou calmantes... Em última análise, poderíamos dizer que ele não cura, mas acompanha no caminho.

Isto pode algumas vezes parecer cruel, mas é importante. Não se trata, por exemplo, de "privar" alguém de sua depressão nem de dar-lhe imediatamente tranquilizantes, porque talvez seja esta a chance, para esta pessoa, de voltar ao essencial, de mudar de vida.

Se dermos precipitadamente medicamentos ou consolações, tudo vai "recomeçar como antes", e o que prevalece é o mecanismo da repetição.

Não se trata mais de dar "aparências" de cura. O terapeuta que acompanha o paciente busca a cura do ser. Ele também não vem preencher as carências imediatas, não vem cumular o desejo, ao contrário, ele o esvazia, o cava, até aquele infinito (de angústia, às vezes) que só o infinito pode cumular.

Esta atitude é difícil e até perigosa. O terapeuta deve saber até onde pode levar, e não pode levar mais longe do que onde está; e se ele não tocou ainda aquele além da morte, pode matar o outro ou desequilibrá-lo mais ainda... E isto nada tem de iniciático!

O terapeuta e o paciente devem ambos permanecer à escuta do mestre interior. Estar à escuta do mestre interior, para o terapeuta, é estar à escuta do ser essencial do outro, da criança divina (cf. Jung) que tem vontade de nascer, e favorecer este nascimento através de sua irradiação, de sua palavra e algumas vezes através de atitudes estranhas, desconcertantes para o "pequeno eu".

Para o terapeuta, como também para o paciente, a meta é avançar sempre mais, no caminho da transparência, para seu ser essencial. Tanto um como o outro devem abandonar aí muitas ilusões, máscaras, todos aqueles fantasmas que provocam as diversas identificações com as camadas grosseiras ou sutis do "pequeno eu".

O que continua decisivo para o terapeuta e para o paciente é a adesão à lei fundamental do processo iniciático, aquela lei que pode ser considerada como a própria ação do mestre interior em nossas vidas.

É o grande "morre e transforma-te!"

> Não há eclosão sem prévio aniquilamento, não há renascimento sem destruição, não há nova vida sem morrer. E este morrer é sempre o do devir, adversário do não advindo... Cada vez que uma situação adquirida e satisfatória tranquiliza o ser humano, seu devir pelo ser essencial está em perigo. A vida leva inevitavelmente cada um de nós incessantemente ao limite de

nossa resistência, até não podermos mais, a um ponto em que não somos mais capazes de suportar uma obrigação pesada demais, um sofrimento, uma aflição. É pelo ultrapassar deste limite, que compreende o aniquilamento das nossas próprias exigências, que se abre para nós a porta do mistério (op. cit.).

É a lei ontogenética fundamental: "Se o grão de trigo caído na terra não morrer, não germinará, nem produzirá fruto."

A psicoterapia iniciática também é "uma arte de morrer e de ressuscitar!" Um processo de desidentificações sucessivas para que viva o verdadeiro ser... Mas "não é esmagando a lagarta que a ajudamos a tornar-se borboleta".

A percepção de um além do eu não minimiza o papel e a função do eu. Ele o situa simplesmente em seu lugar e pede-lhe que não entrave a eclosão do ser humano alado – aquele que tem as mais profundas raízes... E que dê testemunho, através de uma vida frequentemente julgada paradoxal, da presença do Ser no mundo. "Transcendência imanente" à qual Graf Dürckheim dedicou um grande amor e uma longa fidelidade.

3
O encontro do inevitável no cristianismo[*]

Fiquei muito impressionado ao ouvir o Lama Denis Teundroup, o Dr. Eysseric e o Dr. Schnetzler falarem da "Pura Luz". Não pude deixar de pensar que a palavra *Deus* em latim quer dizer "Dia luminoso", "Pura Luz"; assim também, quando dizemos que estamos à busca de Deus ou que queremos viver uma vida de união com Ele, falamos desta Pura Luz. O Prólogo de São João nos diz: "O Logos é a Luz que ilumina todo ser humano que vem ao mundo", não somente os cristãos, mas todo ser humano, e todo ser humano iluminado por esta Pura Luz conhece a verdadeira Vida.

O que me impressiona no Evangelho – e gostaria de falar-lhes disto – é sua atitude de não dualidade a respeito dos quatro grandes inevitáveis que todo ser humano encontra em seu caminho: o sofrimento, o absurdo, o isolamento ou solidão e a morte. A atitude de não dualidade não é passividade, mas é "ser um e o mesmo com o acontecimento, com a realidade". Esta atitude faz do cristianismo uma via iniciática, isto é, uma via de despertar para o Real absoluto. Esses quatro inevitáveis, quando os abordamos numa atitude não dual, revelam-nos que existe uma Reali-

---

[*] Conferência dada em Karma Ling, no colóquio "A preparação para a morte", publicado na Éd. Prajna, em 1985.

dade dentro, além de e do outro lado do sofrimento, do absurdo, da solidão e da morte; há uma Realidade, uma Luz que nenhuma treva – diz-nos ainda o Prólogo de São João – que nenhuma morte pode destruir.

Cristo viveu esta atitude não dual em relação ao absurdo, ao sofrimento e à morte. Pode-se dizer que Ele fez de todos os impasses de nossa vida, caminhos; de todos os muros contra os quais podemos chocar-nos e quebrar-nos, "passagens". Com esta palavra "passagem" encontramos um dos termos essenciais do cristianismo: a palavra "páscoa". Em hebraico, *Pessah*, a páscoa, quer dizer nem mais nem menos do que passagem.

Os inevitáveis

Os "inevitáveis" que encontramos no nosso caminho, se soubermos vivê-los na atitude correta, na atitude não dual, podem tornar-se lugares de passagem, lugares de páscoa! Então, antes de ver como Cristo em pessoa viveu esses inevitáveis e fez deles lugares de passagem, talvez seja bom ver na nossa vida cotidiana como de fato abordar os inevitáveis com uma atitude não dual que possa fazer deles verdadeiramente um lugar iniciático, um lugar de revelação de uma vida mais elevada!

O primeiro inevitável é o *sofrimento*. É uma experiência que todos nós já vivemos, quer num leito de hospital ou no curso de uma doença grave. Vocês certamente já observaram que quanto mais alguém faz "dois" com a doença ou com o sofrimento, mais se opõe a eles, mais eles se acentuam, mais se desenvolvem. Como se a nossa resistência ao que "é", esta resistência ao sofrimento que é um "fato" da condição humana, não fizesse mais do que acentuá-lo ainda mais. Mas talvez vocês tenham experimentado que no próprio âmago do sofrimento, do sofrimento aceito, não só passivamente, há algo no próprio clímax desta dor que é "passagem" para um estado que é como que além do sofrimento, que o sofrimento não pode atingir. É uma experiência que podemos fazer quando deixamos de resistir ao que nos acontece, quando entramos verdadeiramente "dentro" para ir "além".

O segundo inevitável que encontramos no nosso caminho é o *absurdo*. Todos nós conhecemos aqueles momentos, em que, efetivamente, não se compreende mais nada. A toda razão pode opor-se uma outra razão. O que nos parecia certo e verdadeiro num momento de nossa existência, revela-se sem fundamento num outro momento. Vivemos também situações em que há motivo para bater a cabeça contra a parede; quanto mais tentamos compreender com as forças da nossa razão, mais entramos numa absurdidade ainda mais profunda. Para algumas pessoas isto pode levar à loucura.

Também neste caso, quando estamos diante de situações absurdas a viver, se somos capazes de entrar lá dentro, de ser um e o mesmo com, de permanecer numa atitude não dual, pode haver uma passagem, uma páscoa, justamente para o que está além da razão; quer dizer que o Sentido, o Sentido profundo da existência, não é uma razão de viver ou de existir, algo que se pode demonstrar, uma explicação do mundo, ou uma explicação do sofrimento, ou ainda uma explicação de si mesmo, mas um Sentido que está aí, uma Luz que nos responde e nos apazigua além de toda explicação.

Penso no testemunho de Mestre Eckhart, dominicano da Idade Média. Quando seus estudantes queriam saber o "porquê" do mundo, do Universo, ele podia dar-lhes explicações como mestre em teologia. Mas aos seus amigos ele dizia: "O Universo é sem porquê." E isto será retomado por Ângelo Silésio que dirá: "A rosa floresce porque floresce", ela floresce sem "porquê". Se fôssemos capazes de entrar numa consciência que está além das razões, das explicações que podemos dar do mundo, nós nos aproximaríamos do próprio mistério do Universo. O Universo é efetivamente sem "porquê". Nós poderíamos não existir, a vida não é necessária. O mundo não é necessário, o Universo está suspenso a um ato de gratuidade. Pode-se dizer: tudo é absurdo. Ou pode-se dizer: tudo é graça. É a mesma realidade.

A entrada neste "tudo é graça" é a passagem, no próprio coração do absurdo, no próprio cerne das contradições e das oposições que podemos encontrar ao nível de nossa consciência comum, para um sentido mais profundo. A física contemporânea já poderia nos preparar para entrar em estados de consciência não dual. Quando se dirá, por exemplo, em mecânica quântica, que uma coisa está ao mesmo tempo aí e não está aí, em nível da simples razão não podemos dizer isto. Não podemos dizer que alguma coisa é um átomo e ao mesmo tempo é uma onda; há uma contradição ao nível da simples razão. Para entrar no próprio sistema da matéria, dos elementos do mundo, isto já exige uma consciência renovada. O que será então quando se tratar de eventos, que eu diria "cruciais", de nossa vida? Assim, uma atitude não dual diante do absurdo pode nos fazer passar do próprio cerne da razão exacerbada para além da razão, para revelar-nos um Sentido que é "Pura Luz".

Vem em seguida este outro inevitável que podemos chamar de *isolamento*, de preferência a *solidão*. Trata-se de alguma coisa da qual sempre fugimos e que sempre nos pega e traz de volta. Também aqui, se procuramos fugir desta solidão, deste isolamento, não fazemos mais do que reforçá-la. Mas se formos capazes de entrar nas profundezas da solidão, lá podem ser reveladas a nós as profundezas de uma comunhão, de uma Unidade real com todos os seres. Penso numa imagem frequentemente usada pelos padres do deserto: a imagem de uma grande circunferência com diferentes raios que se dirigem ao centro. Cada um de nós é um raio desta roda. E quanto mais vamos para o centro, mais nos aproximamos justamente dos outros raios, isto é, mais chegamos ao limite extremo de nós mesmos, mais vamos para Deus, para a profundidade que nos habita, mais próximos estamos dos outros, mais capazes somos de aceitar nossa solidão fundamental, de ir até o fim, mais percebemos a que ponto todas as coisas estão religadas.

Nesta não dualidade com a solidão, o ser humano pode entrar na comunhão profunda com todos os seres. É o sentido da vida eremítica. Os eremitas estão realmente presentes, eles não fogem, eles vão ao coração do mundo. A ciência contemporânea fala-nos da estreita interconexão de todos os elementos do Universo. O que dizia o poeta é verdade: não se pode arrancar uma haste de erva sem desregular uma estrela. Assim, todo homem ou mulher que medita, que ora, no próprio âmago de sua solidão, eleva realmente o mundo. A entrada numa solidão aceita, "meditada", pode tornar-se um lugar de passagem, de transformação, não somente para si mesmo, mas também para todo o Universo.

Enfim, vem o quarto inevitável que recapitula todos os outros: a *morte*. Também aqui, quanto mais se procura lutar contra este inevitável, mais se desenvolve seu caráter horrível, escandaloso. Mas, se a pessoa é capaz de dizer sim à morte, se ela é capaz de acolhê-la, como dizia São Francisco, como "nossa irmã a morte", se ela é capaz de fraternizar com ela, de aceitá-la tal como é e como aceitou o sofrimento, o absurdo e a solidão, também haverá uma páscoa, uma passagem para a vida que nada nem ninguém pode tirar-nos, e que Cristo chama justamente a "Vida eterna".

A experiência do nada

Sobre isto, posso dar-lhes um testemunho que diz respeito à morte iminente: tive a graça e a prova de conhecer um desses estados de coma profundo, a ponto de meu eletroencefalograma ser declarado plano, portanto um caso de morte clínica. Tudo que posso dizer em nível desta experiência – devido a um envenenamento – é que resisti muito à morte, tive realmente muito medo.

Isto aconteceu numa época em que eu não era cristão nem crente de uma religião, eu vinha de um meio ateu. Pois bem, foi alguma coisa de verdadeiramente terrível! Posso compreender o horror de alguns moribundos. Veio depois aquele momento em que efetivamente pude dizer: "Sim, é preciso morrer, é assim."

E naquele momento aconteceu esta coisa tão estranha: meu corpo parou de sofrer – estado de desidentificação em relação ao corpo, depois de desidentificação em relação ao pensamento. Existe efetivamente este momento em que deixamos nosso próprio corpo, mas ainda vemos nosso corpo. Depois vem o momento em que não há mais pensamento, nem testemunho.

Uma pessoa havia tido a experiência, no momento da morte, de um "vazio". Nos exemplos de R. Moody, sempre há muitas imagens, aparições. Para mim, pessoalmente, era muito mais uma experiência da vacuidade, do vazio. E eu me dizia: tudo que se conta depois, são reconstruções um pouco mentais, pois nesta situação atinge-se um estado que está além do espaço e do tempo; ora, assim que se começa a falar, fala-se no espaço e no tempo. Falar, portanto, deste estado, é de uma certa maneira mentir. É querer trazê-lo às categorias do espaço e do tempo. O que se pode dizer, em última análise, é que "ele é". Não posso negar este estado de vacância, de vazio; para mim, é a realidade suprema.

Esta experiência ficou esclarecida para mim ao ler os textos dos místicos do Oriente e do Ocidente. Santo Tomás de Aquino diz de Deus:

> Não se pode dizer quem Ele é, o que Ele é. Pode-se dizer exatamente o que Ele não é. Mas pode-se dizer "que Ele é". É tudo que se pode afirmar.

O que desencadeou minha conversão ao cristianismo foi quando descobri na Bíblia e no Evangelho esta afirmação de um *Eu sou*, além do espaço e do tempo, quando Moisés pergunta a Deus: "Qual é teu nome? Enfim, quem és tu?" No pensamento semítico, perguntar a alguém qual é seu nome é perguntar qual é sua presença, o que ele é verdadeiramente. E a voz que fala na sarça lhe responde: "Eu sou aquele que sou."

Eu sou... pôde ser traduzido de toda maneira, porque era efetivamente intraduzível. É o tetragrama YHWH, que não se pode absolutamente traduzir e que justamente os judeus piedosos jamais pronunciam por ser é um nome impronunciável. "Eu sou aquele que sou" é uma recusa de nomear-se, e felizmente, porque a realidade última não é uma coisa, um objeto mental. Thomas Merton pôde traduzir este nome divino por "Aquele que não existe". Isto pode nos parecer um pouco bizarro. Mas efetivamente esta realidade última não é nada do que existe, porque tudo que existe é justamente composto e será decomposto. Mas há aqui uma experiência de um não nascido, de um não composto, de um incriado. É o que dizia o Mestre Eckhart: há em todo ser humano alguma coisa de incriado e de incriável, de não nascido, de não composto, e isto é sua verdadeira realidade. E é isto que na tradição cristã será chamado Logos ou Filho de Deus, que está presente em cada um de nós.

A experiência da morte, a experiência do inevitável, pode ser chamada de experiência iniciática na medida em que ela nos faz passar a este estado de ser que é no interior e além do sofrimento, no interior e além do absurdo, no interior e além da solidão, no cerne e além da morte. Cristo viveu todos esses inevitáveis. Ele conheceu o sofrimento, o absurdo. Um dia, uma cidade inteira o aclama, no dia seguinte esta mesma cidade e todos os seus habitantes gritam "à morte". Absurdo! Ser traído por seus próprios amigos... Sim, a experiência do absurdo e da solidão, Ele a viveu. Conhecemos esta palavra de Cristo: "Pai, por que me abandonaste?" – um estado de isolamento que vai até mesmo além das consolações que se pode receber ao nível da religião. É justamente aquele estado de total vacuidade, de total vazio em que não há mais ponto de referência. Aquele que Ele chama Pai é ao mesmo tempo sua fonte, sua origem, e há um momento em que até isto lhe é tirado. E, poderíamos dizer, como alguns padres da tradição cristã, que aquele foi o momento em que Cristo desceu verdadeiramente aos infernos. Quer dizer que Ele conheceu – depois de ter experimentado a proximidade da presença divina a ponto de dizer "o Pai e eu somos um" – o inferno da separação, como se tivesse sido confinado, de certa maneira, somente à sua condição humana, como se a parte divina dele mesmo lhe fosse ocultada. Ele conheceu aquele estado de isolamento – alguns ousam até dizer de dúvida – mesmo da parte daquele que está à fonte, à origem de sua vida. Mas, no próprio âmago desta aceitação da solidão, houve para Ele a grande passagem. O texto do Evangelho nos diz: "Pai, em tuas mãos entrego o meu espírito..." Mesmo se não te sinto mais, não te experimento mais, mesmo assim eu sei que Tu és! Mas é além de toda compreensão, de todo discernimento dos sentidos.

Assumir

Na tradição cristã existe este princípio cristológico muito importante: "Tudo que não é assumido, não é salvo." Se Cristo não tivesse assumido o sofrimento, a solidão e a morte, e, digamos, a morte não tivesse sido um lugar de passagem, a morte teria sido a última palavra.

"A morte foi tragada pela vida", dizia São Paulo. Ela faz parte de uma vida mais vasta, mais alta. Assim, nós mesmos, diante de nossa própria morte, podemos considerá-la como um lugar iniciático, lugar de passagem, lugar de páscoa. E, creio eu, esta é a Boa-nova anunciada pelos primeiros cristãos. A Boa-nova da Ressurreição é a afirmação que, sejam quais forem os impasses nos quais vivamos, sejam quais forem os impasses de solidão, de sofrimento, seja qual for a morte que devamos experimentar, nada disto é a última palavra. O amor é mais forte do que a morte, e a luz prevalecerá sobre as trevas. Há em nós uma Vida eterna. No Evangelho, de fato, fala-se muito mais de "vida eterna" do que de "vida depois da morte". Portanto, é de "vida eterna" que se trata, e não de vida "depois". Se é eterna, era antes, durante e é depois. O fato de Cristo nos anunciar a Vida eterna não quer dizer que é uma vida que está ao lado desta vida, mas é exatamente uma dimensão desta vida que está além do que é composto e será decomposto.

Em todo ser humano há esta dimensão de Vida eterna. E esta Vida eterna, não se trata simplesmente de experimentá-la depois de nossa morte corporal, mas é hoje mesmo que devemos experimentá-la. Simeão, o Novo Teólogo, dizia:

> Se não experimentaste Deus nesta vida, então muito menos o conhecerás na outra. Se não tocaste em ti mesmo este Dia luminoso, se não tocaste em ti mesmo esta Luz que te ilumina, que as trevas não podem atingir, então muito menos a conhecerás depois...

Vida eterna... isto quer dizer profundidade no próprio coração desta vida, "além do tempo", no interior do tempo.

Do Evangelho de São João vou citar-lhes algumas palavras que sejam talvez familiares a alguns de vocês. É no Capítulo 5 que Jesus diz:

> Em verdade, em verdade vos digo: quem escuta minha palavra e crê naquele que me enviou tem a vida eterna e não é condenado, mas passou da morte para a vida (5,24).

Aquele que crê "tem" a Vida eterna, não "terá", mas "tem" a Vida eterna. Mas crer não é ter uma crença. Se recuarmos do grego à língua aramaica ou hebraica, encontraremos a mesma raiz da palavra *Amen*. Crer é ser um e o mesmo com o que é, com "Aquele que é", com o "Eu sou" que está no mais íntimo de nós. Portanto, aquele que crê, isto é, que adere, que é um e o mesmo com o "Eu sou" do Eterno que habita seu pequeno "Eu sou", seu pequeno eu mortal, aquele que é um e o mesmo com este "Eu sou" do Eterno, com este "Eu sou aquele que sou", ele já entra na dimensão de eternidade que está nele mesmo. Ele já passou da morte à vida. Passou da mortalidade à condição do que não pode morrer. Neste mesmo Capítulo 5, Jesus diz:

> Perscrutais as Escrituras porque julgais encontrar nelas a Vida eterna. Ora, são elas mesmas que dão testemunho de mim, mas não quereis vir a mim para terdes a vida (5,39-40).

Perscrutar as Escrituras, sejam elas quais forem, isto não basta. É preciso "vir a MIM". É claro que Jesus não fala de seu "pequeno eu"... "Vir a MIM" é vir a este "Eu sou" que o habita, no qual ele justamente retoma o nome divino que foi pronunciado na sarça ardente. Nas nossas traduções atuais, o poder deste nome nos escapa. Talvez vocês se lembrem daquela passagem do Jardim das Oliveiras em que os soldados se aproximam de Jesus para prendê-lo e perguntam: "És tu Jesus o Nazareno?" Costuma-se traduzir a resposta de Jesus por "sim, eu sou"; e naquele exato momento vemos os soldados cair para trás, como se o simples fato de dizer "eu sou" os fizesse tombar. Mas se nos referirmos à tradução literal, então encontramos o *ego eimi*, isto é, o "Eu sou" que falava a Moisés na sarça ardente. Daí o poder deste nome. E Jesus o pronuncia corretamente, com todo o seu sopro, com todo o seu ser. Este nome impronunciável é plena vibração, pleno poder.

A este propósito, lembro-me de um homem que veio recentemente à Sainte-Baume e que me dizia: "Numa vida anterior, eu era sumo sacerdote, sumo sacerdote judeu, mas perdi a pronúncia do nome divino. Não sei mais dizer 'Eu sou', não sei mais dizê-lo." E ele me pergunta: "Você acha que pode revelá-lo a mim?"

A Sainte-Baume é um importante lugar iniciático. Digo a mim mesmo: "Pois bem, vamos subir ao topo da montanha e vamos ver um pouco o que vai acontecer." À medida em que subíamos, a respiração dele ia aumentando, ia se tornando ofegante e, quando chegamos ao ponto mais alto... (respiração), o que se traduz na *Bíblia de Jerusalém* por Yaweh, se devíamos pronunciar esta palavra, a pronúncia seria Ya... (inspiração), weh (expiração longa), ya... weh...; deveríamos pronunciá-la não somente com a respiração ofegante, mas ainda com a respiração de todo o Cosmos, de todo o Universo. Deveríamos entrar no "grande sopro", respirar Nele, com Ele, por Ele...

Quando Jesus responde aos soldados "Eu sou", com o sopro desta palavra, com este poder, com esta força através da qual todo o Cosmos está em jogo, compreende-se que efetivamente os soldados caem para trás. Quando Jesus diz "não quereis vir a mim", neste "mim" trata-se daquele "Eu sou", do sopro do Eterno que nos invade, que a todos nos perpassa.

Trata-se de vir aí, de chegar àquele ponto de nós mesmos, àquele ponto de Luz e de eternidade que nenhum inevitável pode destruir; de descobrir no próprio interior de nosso pequeno eu o "Eu sou" do Eterno, de descobrir no próprio cerne de nosso pequeno sopro o grande sopro do Vivente que nos atravessa e que faz existir todos os seres.

Uma outra passagem do Evangelho coincide perfeitamente com o nosso tema, aquela que fala da ressurreição de Lázaro: Jo 11,21-26. Lázaro, que era amigo de Jesus, morreu e foi enterrado. Jesus vai pois ressuscitá-lo, reanimá-lo. E a irmã de Lázaro se aproxima de Jesus e lhe diz: "Se estivesses aqui, meu irmão não teria morrido." Jesus ficou comovido e lhe disse: "Teu irmão ressuscitará." Marta respondeu: "Eu sei que ele ressuscitará na Ressurreição do último dia." Jesus lhe disse: "Eu sou a Ressurreição e a Vida. Quem crê em mim, ainda que esteja morto, viverá; e quem vive e crê em mim jamais morrerá. Crês nisto?"

Marta pensa na ressurreição como um fenômeno futuro, depois da morte, e Jesus afirma: "Eu sou a Ressurreição e a Vida." E, cada um de nós, se tocarmos em nós este "Eu sou", esta presença do Eterno que não pode morrer, sim, neste momento, entramos no mundo da Ressurreição, no mundo dos ressuscitados.

Talvez esta palavra ressurreição também seja um pouco ambígua, um pouco gasta. Vocês sabem que em grego há vários termos para falar de ressurreição. Há a *anastasis*, mas também a *metamorphosis*. Quando se fala da ressurreição de Cristo, fala-se de sua metamorfose. Numa imagem que é comum a todas as tradições, é a lagarta que se transforma em borboleta. Existe a passagem a uma outra forma, a uma outra "*morphe*": é a metamorfose. Quando Jesus diz: "Eu sou a Ressurreição; quem crê em mim, mesmo que esteja morto, viverá, e quem vive e crê em mim jamais morrerá", Ele nos convida efetivamente a uma metamorfose, a uma ressurreição, à entrada numa outra dimensão de nós mesmos, que é a dimensão de Eternidade.

E quando Ele diz: "Crês nisto?", não se trata de crer com os recursos extremos de nosso intelecto e de nossa memória. "Crês nisto?" é "aderes a isto?" Já experimentaste em ti mesmo esta outra dimensão? No próprio interior da lagarta que és, sentes bater as asas da borboleta que está prestes a eclodir? Sentes a própria vida do ressuscitado que está em ti?

Conhecer (co-naître = co-nascer) e ser

No Capítulo 17 do Evangelho de João, Jesus diz ainda: "A Vida eterna é que eles Te conheçam, a ti, o único Deus verdadeiro, e aquele que enviaste, Jesus Cristo" (17,3).

A Vida eterna é conhecer-Te. Esta palavra é de um extremo valor no cristianismo: é "nascer com, co-nascer". "Quem nasceu da carne é carne; quem nasceu do Espírito é Espírito." Conhecer é nascer de novo, nascer com Deus. Quem conhece o verdadeiro Deus, quem conhece sua Presença, a própria fonte do Ser, este já "passou" para a Vida eterna.

Há um belo eco de tudo isto na Primeira Epístola de São João:

> Vede com que grande amor o Pai nos amou, para sermos chamados "Filhos de Deus". E nós o somos de fato... Caríssimos, somos desde já filhos de Deus, embora ainda não se tenha manifestado o que havemos de ser. Sabemos que, quando Ele aparecer, seremos semelhantes a Ele, porque o veremos tal qual Ele é (1Jo 3,1-3).

Nós o veremos "tal qual Ele é", nós seremos semelhantes a Ele. Isto quer dizer que a vida eterna já está em germe em cada um de nós. Realmente já somos Filhos de Deus, "Filhos da Luz". Mas ainda não se manifestou totalmente o que somos em plenitude. Isto será manifestado quando formos semelhantes a Ele. E por que seremos semelhantes a Ele? Porque O veremos como Ele é, isto é, nós veremos a realidade tal como é, veremos a Deus como Ele é e não como pensamos que Ele é, como O imaginamos, como cremos que Ele é através das diferentes formas que as tradições nos transmitem. Nós O veremos como Ele é na sua própria realidade. E, nesta visão do Ser tal como Ele é, não há mais dualidade, sujeito e objeto; nós fazemos um e o mesmo com Ele. "Nós seremos semelhantes a Ele porque O veremos como Ele é."

Como então não pensar no que dizia o Dalai Lama por ocasião de sua visita à Syracuse University (Nova Iorque)? Ele tentava me explicar o que é o nirvana e me dizia: "É a visão do que é tal como é." Quer dizer que não há senão vazio na nossa mente. Nossa mente é esvaziada de todo conceito, de toda imagem, de toda memória e, enfim, a realidade pode manifestar-se tal como ela é.

Pois bem, veremos esta realidade, veremos a Realidade última tal como ela é e, naquele momento, nós seremos semelhantes a ela. É o estado que na teologia ulterior se chamará visão beatífica, ou paraíso, isto é, o estado de unidade com Deus, com a Pura Luz, o estado de unidade sem dualidade, porque nós O veremos tal como Ele é.

Todo o trabalho desta vida é abrir um pouco os nossos olhos de coruja a esta grande luz. E todos esses inevitáveis, todas essas provas que encontramos no nosso caminho podem ser para nós a ocasião de entrar nesta dimensão de Vida eterna que se chamará consequentemente visão beatífica, paraíso ou "domínio da clara luz".

A este respeito Jesus diz ainda: "Quem crê em mim tem a Vida eterna, mas quem não crê permanece no pecado."

A palavra pecado tem toda uma história e sempre é bom voltar à etimologia. Em grego, a palavra pecado é *amartia,* que quer dizer "errar o alvo". Estar em estado de pecado, se quisermos traduzir numa linguagem bem popular, é estar "junto ao nosso próprio caixão", isto é, junto ao que realmente somos. É por isso que os padres da Igreja dirão: "A conversão é voltar do que é contrário à nossa natureza para o que lhe é próprio." O que é próprio à nossa natureza é de fato esta união com a vida divina. Portanto, estar em estado de pecado é estar na contramão da realidade, estar no estado de ilusão e de ignorância. É errar o alvo, é perder nossa verdadeira identidade, é errar o verdadeiro sentido de nossa existência, e temos que voltar incessantemente de nossos desvios, de nossos afastamentos, para o centro de nós mesmos. Para aquele centro de nós mesmos que é habitado pela presença do que chamamos Deus.

Quem não crê que tem em si esta Vida eterna, esta outra dimensão, esta própria presença da Luz e do amor, este "se fecha" (*s'enferme*). Também este é um dos sentidos da palavra "inferno" (*enfer*): estar fechado. Quem está no inferno é aquele que está fechado em si mesmo, fechado em seu ego, que não abre este ego a outra dimensão e que, portanto, permanece completamente fechado no que deve morrer, no que deve apodrecer. Sair do inferno, a um nível simplesmente terapêutico, trata-se de livrar-nos dos nós em que estamos atados, de entrar numa atitude de abertura para permitir que a energia circule de novo. A nível espiritual, trata-se de abrir-se à Presença de Deus, à Presença do Eterno que nos habita. Uma última palavra da Epístola de São João: "Nós sabemos que passamos da morte para a vida, porque amamos os irmãos. Quem não ama permanece na morte" (1Jo 3,14).

É uma palavra tão simples e tão límpida, que nos lembra que a Vida, a Verdadeira Vida, a Vida eterna, nós já podemos ser iniciados a ela pelo amor aos nossos irmãos, pelo amor ao outro. Também aqui há uma saída de si, uma saída do inferno do fechamento. Os limites do ego são esquecidos e a energia divina pode circular. "Sabemos que passamos da morte à vida porque amamos nossos irmãos." É uma dimensão importante no cristianismo e jamais devemos separá-la da dimensão de Luz. Pode-se dizer que Deus é Luz, mas da mesma maneira se dirá também que "Deus é Amor". Deus é ao mesmo tempo *inteligência, consciência* pura, mas Ele também é *compaixão*, puro *dom* de Si mesmo, pura bondade, puro *sol* que irradia dele mesmo. É esta imagem do sol que encontramos no Evangelho de Mateus: "Deus é como a luz, como o sol que brilha sobre os bons e os maus." Se temos este Sol em nós mesmos, podemos difundir nele sobre todos os seres sua eterna Luz, sua eterna compaixão.

Preparar-nos para a morte, para a passagem, é, no cristianismo, descer a esta dimensão de nós mesmos que é luz e amor, que é inteligência e compaixão.

Quando estamos perto de um agonizante, talvez o melhor e o mais eficaz não sejam tanto as palavras que podemos dizer. Devemos ser nós mesmos, apoiados na presença do Eterno, e comunicar ao moribundo, misteriosamente, de modo sutil, algo desta energia da Eternidade. Só podemos dar ao outro aquilo que nós mesmos recebemos, portanto, nós mesmos. Enquanto não fizermos no íntimo de nossa vida mortal esta experiência de uma vida que ultrapassa a dimensão do tempo, o que temos a dar a alguém que vai morrer? Preparar alguém para a morte ou preparar-se a si mesmo para a morte, no cristianismo, é experimentar desde hoje, no aqui e agora, esta dimensão de Eternidade. É experimentá-la no próprio interior de nosso pequeno eu, de nosso pequeno "eu sou" que vai se dissolvendo na presença do grande "Eu sou". Retomo aqui a palavra de São Paulo quando ele fala do "velho homem". O velho homem, em linguagem contemporânea, é nossa velha programação, tudo que acumulamos de informações no nosso paleocórtex. Portanto, este velho homem vai desaparecer, vai dissolver-se. Deixemo-lo ir a seu destino, mas saibamos que em nós se renova durante este tempo o "homem interior", o homem de Eternidade. Relendo o Eclesiastes, poderíamos dizer: "Homem, lembra-te que és pó e que ao pó voltarás. Lembra-te também que és Luz e que retornarás à Luz..."

Perguntas e respostas

Pergunta: *O que é o julgamento? Qual a atitude de Cristo e do cristianismo a respeito da reencarnação?*

J.-Y. Leloup: São duas questões importantes. Primeiro, o julgamento. Há pouco tempo, falava-se daquele momento em que, estando a pessoa diante da morte iminente, toda a sua vida passa como que em julgamento. Quer dizer que no julgamento há efetivamente o momento de abertura à própria realidade de Deus e do Ser. E podemos medir neste momento nosso afastamento em relação à Luz! Creio que o julgamento é isto: esta discriminação, este discernimento ao mesmo tempo desta bondade, deste amor e desta dimensão de profundidade que nos foram oferecidos ao longo de toda a nossa vida. E passamos ao largo. Estávamos num estado de *amartia*, à margem da realidade. E nesse momento vimos o nosso pecado, se assim podemos dizer, o nosso desvio em relação a esta realidade.

Este momento do julgamento é muito importante. O ser humano mantém ainda sua liberdade, isto é, pode encrespar-se, pode fechar-se em si mesmo, portanto encerrar-se e assim estar realmente no inferno. Quer dizer que ele pode de fato recusar este Amor e esta Luz. Na verdade, é algo muito misterioso. Pode-se recusar ser amado, pode-se recusar ser iluminado. É uma possibilidade do ser humano. Ele pode fechar-se a esta Luz. E é isto que na tradição cristã se chamará inferno. O inferno não é outra coisa senão a afirmação da liberdade do ser humano diante da Luz e do Amor que lhe são oferecidos.

Muitos cristãos dizem: "Se Deus é amor não é possível que exista um inferno." Eu diria antes: "É porque Deus é amor que existe um inferno." Se Deus não fosse amor, Ele poderia forçar qualquer um a entrar em sua vida divina. Mas porque Deus é amor, ele respeita a liberdade profunda do ser humano. Isto é, a pessoa humana pode realmente (mas não acredito que isto seja muito provável, sobretudo no momento de total lucidez), fechar-se à Pura Luz, pode realmente recusar esta presença de Deus nela.

Para quem não se fecha ou para quem não entra diretamente nesta Luz, que não diz *sim* totalmente, a ponto de fazer Um só com ela, a teologia cristã previu estados intermediários, que podemos chamar de purgatório. E este purgatório é algo verossímil. Uma acha de lenha antes de inflamar-se passa por estados "intermediários": ela crepita, fumega, até o momento em que ela mesma se torna pura luz. Acho que para uma pessoa que não está habituada à vida divina, à Vida eterna, há este momento de trabalho em que o fogo, a luz, penetra nela, crepita. É um momento de purgação, de purificação do ser a níveis muito sutis.

Esta questão do julgamento é complexa e exigiria um desenvolvimento mais amplo.

Tratando-se da reencarnação, o que me espanta é que alguns padres da Igreja parecem ter acreditado nela. Para Orígenes, era algo quase certo. A reencarnação não foi condenada pela Igreja. A condenação que deixou atônito Orígenes em 553, em Constantinopla, é obra de um concílio particular, portanto não tem autoridade infalível. A aprovação que ela recebeu do Papa Virgílio não lhe confere esta autoridade. A questão continua, portanto, aberta.

Mas o que surpreende no cristianismo é que não se insiste muito nesta questão, na medida em que o importante é que nós estamos aqui e agora. Nossa vida futura depende do que somos agora, do que fazemos agora. Na preocupação com suas vidas anteriores ou posteriores, há o risco de a pessoa passar à margem do essencial: esta grande metamorfose que é a entrada, desde hoje, na própria vida do Eterno.

Vejamos o exemplo dos "ladrões", aqueles bandidos que estavam suspensos um de cada lado de Cristo na cruz. Um deles disse a Jesus: "Lembra-te de mim no teu reino." Jesus responde: "Hoje mesmo estarás comigo no paraíso." Este simples ato de fé, de adesão de todo o seu ser a esta presença de Eternidade, que Ele discerniu através do homem dilacerado a seu lado, como se pressentisse o "ressuscitado" através do "crucificado", este ato de fé na Vida eterna abriu-o aqui e agora à dimensão de Eternidade. Jesus não lhe disse: "É preciso ainda passar por um certo número de vidas e de purificações antes de entrar nesta experiência de Eternidade", mas sim: hoje mesmo tu a conhecerás.

No cristianismo, insiste-se na liberdade do ser humano que, a cada instante, tem a escolha de abrir-se a esta presença do Eterno. A pessoa humana tem a possibilidade de abrir-se, no próprio interior de suas dificuldades, à Vida eterna ou, ao contrário, de fechar-se a ela. Isto não exclui o que se pode experimentar ou descobrir a nível das vidas anteriores, mas dizemos que isto não interessa muito aos teólogos.

Pergunta: Gostaria de fazer justamente uma pergunta que talvez tenha uma relação com isto. Tenho sob os olhos o "símbolo dos Apóstolos", que termina por: "Creio na comunhão dos santos, na remissão dos pecados, na ressurreição da carne, na vida eterna, amém." Aqui trata-se da carne e não de outra coisa. Será que isto quer dizer que se crê nesta vida, nesta carne, neste corpo humano que se refaz sem cessar, sem ser entretanto a ressurreição de nossa própria carne?

J.-Y. Leloup: O que é a ressurreição da carne? Com esta afirmação do símbolo dos Apóstolos, o cristianismo reconhece que a carne, a matéria, é algo bom, positivo, e que este corpo não é o túmulo da alma. "O corpo, túmulo da alma": quem faz este jogo de palavras entre *soma*, o corpo, e *sema,* o túmulo, é a antropologia platônica. Muitos cristãos, influenciados por esta antropologia grega, consideraram seu corpo mais ou menos como o túmulo da alma. Trata-se então de sair da caverna, de sair do corpo. Ora, no símbolo dos Apóstolos, há esta afirmação de caráter bem semítico de que o corpo, a matéria, é algo bom, e São Paulo dirá que ele não é o túmulo da alma mas o templo do espírito. Um templo exige um pouco mais de cuidados que um túmulo, não é?

O corpo é o templo do espírito, isto é, vai ser exatamente o lugar em que o Eterno vai poder manifestar-se. Este corpo, esta individualidade, pode ser uma ocasião de manifestação, no espaço e no tempo, da presença do Eterno. A condição temporal neste contexto não é desvalorizada e a carne, neste sentido hebraico, não é o conjunto dos agregados que nos compõem, mas a dimensão humana. Falar de "ressurreição da carne" é significar que nossa individualidade, nosso corpo, toda a nossa dimensão humana pode entrar na vida do Eterno, entrar na vida do Sopro – *ruah* em hebraico, que traduzimos por Espírito.

No que se refere à ressurreição da carne propriamente dita, portanto a nível escatológico, a nível do "fim dos tempos", há uma passagem de São Paulo que é preciso lembrar, porque para ele o corpo que vai ressuscitar não é nosso corpo material, mas o corpo espiritual. É a Primeira Epístola aos Coríntios. Em São Paulo, há o corpo físico, o corpo psíquico e o corpo espiritual. Esta referência aos "três corpos" é importante. Pode-se falar dos "três corpos de Cristo": o corpo de Jesus de Nazaré, o corpo histórico; depois o corpo do Messias, do homem transfigurado, o corpo de Cristo propriamente dito; e o corpo de Eternidade, o corpo do Logos, o corpo infinito – além da forma. Encontramos esses três corpos também no cristão: o corpo físico, o corpo psíquico e o corpo espiritual. É assim que ele escreve:

> O primeiro homem, Adão, foi feito uma alma viva; o último Adão é um Espírito que dá a vida. Mas não é o espiritual que aparece primeiro, é o psíquico, depois o espiritual. O primeiro homem feito da terra é terrestre; o segundo homem é do céu. Tal qual foi o ser humano terreno, tais serão também os terrestres. Tal o celeste, assim serão também os celestiais. E assim como trouxemos a imagem do terrestre, traremos também a imagem do celeste... Digo-vos isto: a carne e o sangue não podem herdar o Reino de Deus, nem a corrupção pode herdar a incorruptibilidade. Vou revelar-vos um mistério: nem todos morreremos, porém todos seremos transformados (metamorfoseados) num instante, num abrir e fechar de olhos. Os mortos ressuscitarão incorruptíveis e nós seremos transformados, porque é preciso que este ser corruptível se revista de incorruptibilidade e que este ser mortal se revista de imortalidade (1Cor 15,45-54).

São Paulo afirma a propósito da ressurreição da carne que ressuscitamos como corpos espirituais. O corpo espiritual possui virtudes particulares que vimos operando no corpo ressuscitado de Cristo: ele atravessa as paredes, pode manifestar-se, tornar-se visível em certos momentos da história, a certas pessoas. A existência do corpo espiritual é uma realidade que encontramos em toda a tradição cristã, mas o que me parece interessante aqui é lembrar que há em nós efetivamente três corpos. Isto é para os cristãos sempre um objeto de meditação profunda. No próprio cerne de seu corpo físico material, se eles tornam esse corpo físico poroso à Luz, se o abrem em todas as suas dimensões à Presença divina, à presença da Luz eterna, eles entram no corpo de Cristo, recebem a unção do Espírito. Vocês sabem que a palavra *Christos* é a tradução do hebraico *Meshia*, que quer dizer Messias, aquele que recebe a unção. A unção é o *pneuma*, é o espírito. Portanto, este corpo material que se abre à presença do sopro, do pneuma, que está no próprio cerne do "Eu sou" divino, já se torna um corpo crístico, um corpo animado pelo sopro do Espírito, um corpo espiritual "pneumático". Além deste corpo cristificado, há em nós o corpo de eternidade, sem forma: a própria presença do Logos.

Pergunta: *O senhor poderia voltar àquela experiência de Cristo na cruz para a qual há ocultação de sua natureza divina?*

J.-Y. Leloup: Este tema da cruz é importante e marca terrivelmente nosso inconsciente de ocidentais. Todos nós vimos nas encruzilhadas Cristos crucificados. Ao contemplar a arte romana ou a arte dos primeiros séculos, Cristo jamais é representado sofrendo na cruz, para ser fiel ao que Cristo disse no Evangelho de João: "Minha vida, ninguém a tomará, sou eu que a darei."

O que nos revela a cruz é o amor, um amor que vai até o extremo. E este amor é mais forte do que a morte. A cruz não é simplesmente o sinal do suplício. Os padres da Igreja chamavam a cruz de "o grande livro da arte de amar". O grande livro, isto é, o livro aberto, a revelação de Deus. O fundo do ser é amor. Foi isto que Cristo nos revelou em seu comportamento, em suas palavras, em seu modo de viver.

E a cruz é o momento da última liberdade, porque pode-se crucificá-lo, pode-se flagelá-lo, pode-se matá-lo, mas não se pode impedi-lo de amar os humanos. A última palavra de Cristo na cruz é: "Perdoai-lhes, porque eles não sabem o que fazem." A cruz é, portanto, o sinal da vitória do amor sobre o sofrimento e sobre o absurdo que foram vividos. Na cruz, Cristo viveu algo de muito misterioso – e aí está a sua pergunta –; é o momento do abandono, da total solidão, aquele momento de dúvida terrível em que, depois de ter dado sua vida, se poderia dizer que Cristo conheceu o inferno da separação daquele que Ele chama seu Pai e Ele se faz a pergunta: "Por que me abandonaste?" "Tudo que não é assumido, não é salvo." Cristo desceu realmente aos infernos, àqueles momentos que podemos ter em nós mesmos, tão misteriosos, em que sentimos que alguma coisa se fecha em nós à divindade, alguma coisa se fecha à luz. Há uma espécie de recusa, de dúvida fundamental em que, depois de ter amado, depois de ter se dado, a pessoa se pergunta: "Para que tudo isto? Será que são puras histórias que me contaram? Será que tudo não passa de puros fantasmas, de ilusões?" Acredito que todos já passamos por essas experiências: "Será que não me deixei enganar com estas histórias?" Cristo viveu esta experiência, mas permanecendo numa atitude não dual, entrando nas profundezas do abandono, da dúvida e do isolamento, e fez dela um lugar de passagem, um lugar de páscoa.

A cruz é o próprio lugar da páscoa, da abertura. É por isso que São Paulo falará da altura, da largura e da profundidade do amor de Cristo que ultrapassa todo conhecimento. A cruz é verdadeiramente abertura total de todas as dimensões do ser humano, vertical e horizontal.

A cruz é algo sobre o qual devemos meditar mais do que falar. Mas eu gostaria de insistir neste ponto: jamais devemos separar a cruz da ressurreição. Esta tendência sempre aparece na história do cristianismo. De um lado, não se vê em Cristo senão um belo homem, um homem bom, um homem que ama até o extremo e que acaba na cruz: é o fracasso da compaixão. Algumas cristologias contemporâneas seguem esta tendência. De outro lado, vê-se em Jesus unicamente o Filho de Deus, a divindade, e esquece-se a realidade de sua humanidade, seu modo de viver tão humano, a realidade de seu sofrimento. Em ambos os casos, Cristo não me interessa. Se Ele é simplesmente homem, é limitado. É um homem sábio, santo, mas não supera a morte, não vai além da mortalidade, além do absurdo. É a morte que tem a última palavra. Se Ele não ressuscitou como diz São Paulo, vã é a nossa fé. Mas se Ele é simplesmente Deus, também não me interessa, porque Ele não conheceu minha dúvida, não passou por meu sofrimento, e morrer para Ele é uma coisa estranha.

Quando se disse em Calcedônia que Jesus Cristo é verdadeiro Deus e verdadeiro homem, o que se quis afirmar é que o humano e o divino estão estreitamente ligados e que não se pode separar um do outro. Quanto mais humano alguém se torna, mais descobre Deus em si mesmo. Quanto mais alguém se volta para Deus, mais descobre sua humanidade, sua presença no meio de todos os seres. Portanto é preciso ver a dimensão divina que se revela na cruz e a dimensão humana.

Pergunta: *Qual é a sua opinião a respeito de uma eventual passagem de Jesus pela Índia, que teria sido uma iniciação à sabedoria hindu?*

J.-Y. Leloup: Devo confessar-lhe que não sei. Mas, nesses últimos tempos, o Evangelho de Tomé me impressionou muito. Vocês sabem que Tomé teria sido o apóstolo da Índia. É verdade que em algumas passagens do Evangelho de Tomé pode-se perceber os ensinamentos da não dualidade que encontramos nos grandes *rishis* da Índia. No Evangelho de Tomé que, para alguns, é considerado como aquele que relata as palavras autênticas de Jesus, respira-se um certo clima de *advaïta*. Mas eu diria antes que em todo ensinamento, seja ele do Oriente ou do Ocidente, na medida em que atinge as profundezas, sente-se afinidades e proximidades. Pois, quer sejamos chineses ou franceses, somos sempre seres humanos, e o sofrimento aqui ou lá é o mesmo. E o que importa, para nós, quando encontramos um remédio, um caminho, é que ele seja eficaz, que nos livre, que ele nos conduza além, para além deste sofrimento, para mais longe, além da morte.

Pergunta: *O que é a alma na ótica cristã? (risos)*

J.-Y. Leloup: Vou citar-lhe Claude Tresmontant: a alma é "o princípio de informação" que dá "forma" a uma matéria ou a agregados. Quando a alma deixa o corpo, quando a alma cessa de informar o corpo, o corpo se dissolve. A alma é o princípio de informação, de unificação dos diferentes elementos de que somos compostos. Para dar um exemplo um pouco prosaico: trabalhei durante um tempo numa pocilga... minha tarefa era levar os excrementos dos porcos aos pés de framboesa (risos). E lembro-me daquela experiência tão simples. Eu me dizia: este porco e esta "matéria" são a mesma coisa e, não obstante, há uma diferença entre essas matérias que vão adubar as framboeseiras e este porquinho que vejo diante de mim mexendo o rabo. A diferença que existe entre esta matéria inanimada e esta matéria animada é a alma.

É uma coisa que também me impressionou muito em Moscou, onde um filósofo que, apesar de não ser estúpido, me dizia ao passar diante de um cemitério: "Onde está a alma lá dentro?" Respondi-lhe: "A alma é justamente a diferença que existe entre você que está de pé e este monte de matéria." A alma é o princípio que anima uma matéria e que lhe dá uma forma. Este princípio de informação, a biologia contemporânea nos diz que atua no nosso corpo, em toda matéria animada, e que isto lhe dá uma forma. O princípio de informação é alguma coisa de "infinitamente ínfimo". O programa inscrito nos genes não pesa quase nada! Nada nos diz que na hora da morte este princípio de informação desaparece. Nada nos diz, a nível científico, que isto continua, mas nada nos diz que este princípio de informação não subsiste e não é capaz de informar outros tipos de matéria. Poderíamos então falar de "corpo sutil" ou de corpo energético...

4

Mestre Eckhart
Um itinerário de libertação interior*

Um mestre autêntico jamais prenderá discípulos à sua própria pessoa, mas antes os conduzirá àquela liberdade essencial que cada um traz em si mesmo, àquele centro interior donde jorram cada vez mais espontaneamente a palavra, o silêncio e o ato justos.

Mestre Eckhart dirige-se a pessoas suficientemente engajadas na via espiritual para não precisar lembrar-lhes as regras elementares da ética, da oração e da ascese. Ele propõe-lhes antes um itinerário de libertação interior: deixar ser e viver sem porquê, realizar o vazio, ser Filho. São estas as principais etapas deste itinerário.

Deixar ser

O apego, seja ele a coisas, a pessoas, a ideias ou a representações, eis para Mestre Eckhart o primeiro obstáculo no caminho para nossa liberdade essencial. Mesmo o apego à nossa saúde, à nossa realização tão necessária aos primeiros momentos da vida espiritual pode tornar-se um entrave.

Nosso Senhor diz: "Todo aquele que deixar alguma coisa por amor de mim e em meu nome, eu lhe darei

---

* Conferência dada na Sainte-Baume, Bruxelas, Genebra e Avignon.

o cêntuplo e possuirá a vida eterna" (Mt 19,29). Mas se deixares tudo a fim de receber o cêntuplo e a vida eterna, nada deixaste. E mesmo se deixasses por uma recompensa mil vezes maior, nada terias deixado. Deves deixar-te a ti mesmo, e totalmente. Só assim tu te deixaste de verdade. Um dia, um homem veio procurar-me e me disse que tinha abandonado grandes bens, terras e riquezas, a fim de garantir sua alma. Ah! – disse a mim mesmo – então deixaste poucas coisas! É cegueira, é loucura, enquanto ainda consideras, por pouco que seja, o que deixaste. Se te deixaste a ti mesmo, somente então deixaste de verdade. A pessoa que se deixou a si mesma é de tal modo libertada de tudo, que o mundo não pode fazê-la sofrer. Quanto mais próxima da justiça, também mais próxima estará da liberdade. Ela é esta própria liberdade (Sermão "Eu vos escolhi dentre o mundo").

Numa palavra, deixa-te a ti mesmo e serás livre. "A graça é esquecer-se", dizia Bernanos. Aquele que se deixou a si mesmo não possui mais em si nenhum vínculo para apegar-se às coisas e este desapego total se revela como a própria condição para que o mundo, as coisas e as pessoas nos apareçam tais quais são, em sua "manifestação essencial" (Heidegger).

Mestre Eckhart nos convida a mover-nos de outro modo no meio do que nos cerca, sem vontade de poder ou de posse – sem ego. Abandonar-se, deixar o ser ser o que é, tal como é, não é uma atitude passiva ou indiferente no sentido comum, mas recusar-se a fazer de toda coisa um "ter", um objeto. É restituir o mundo à sua essencial liberdade e abrir-nos à possibilidade "de ser com" sem dominar o outro, sem possuí-lo. O olhar libertado de desejos e de interpretações torna-se vidente; percebe os seres em sua identidade suprema e passageira. Deixar o outro ser o outro, não mais cumulá-lo de desejos ou de conselhos mas auscultar a união e a diferença.

Deixar o pássaro ser pássaro: não mais prender seu voo.
Deixar a rosa ser rosa: vê-la com olhos de orvalho.

Viver sem porquê

Assim como há em nós um desejo de possuir, uma busca legítima de segurança física, também há uma vontade de sentido, uma necessidade de explicar o mundo, de saber "de onde viemos, onde estamos, para onde vamos", busca completamente legítima de segurança psíquica e intelectual. Eckhart, mestre em teologia, respondeu muitas vezes de forma positiva e tranquilizadora a seus estudantes, mas às vezes dizia aos mais interessados ou àqueles que estavam suficientemente preparados para compreendê-lo: "O universo é sem porquê."

"Quando não conhecemos nenhum porquê, o Filho é gerado em nós (Sermão "Bem-aventurados os que têm fome e sede de justiça").

Três séculos depois, Ângelo Silésio retomará o mesmo tema em seu *Peregrino querubínico*, uma compilação de aforismos onde ele se faz, por assim dizer, o poeta da doutrina de Eckhart. "A rosa é sem porquê, ela floresce porque floresce."

Em certos momentos de nossa vida, as boas razões que nos damos de viver parecem cair por terra. Aceitar o não sentido, o absurdo de certas situações ou da condição humana em geral, é entrar num sentido mais alto, inacessível à nossa lógica corriqueira; é ser libertado da necessidade de justificar a existência por uma ideologia qualquer, generosa que seja. Nossas razões de viver não são mais do que razões que se originam nas aventuras e desventuras do ego. "Viver sem porquê" leva-nos a um outro fundamento: o mundo poderia não existir, ele está suspenso a um ato de liberdade essencial cujo mistério ninguém jamais penetrou.

"Viver sem porquê" é fazer um e o mesmo com a própria existência, percebida em sua fonte, é aderir à inteligência criadora que informa as realidades psicofísicas e lhes dá a ser o que elas são. Nossas explicações ou nossas representações correm sempre o risco de substituir o Real. Viver no "sem porquê" nos permite percebê-lo no que ele tem de inefável; é praticar a douta ignorância, o "eu sei que nada sei" de Sócrates; é ser livre quanto aos esquemas e memórias nos quais o mental obscurece e encerra o mundo.

É viver surpreendido e "aceitar esta Surpresa como permanência", habitação.

Realizar o vazio

Quando não estamos mais "apegados" a nada, quando não buscamos mais sentido para as coisas nem para os eventos do mundo, o que nos cerca e o que nos acontece parece perder toda consistência, como se a subsistência dos seres dependesse da intensidade de nossas tensões afetivas e racionais.

"Deixar ser" e viver sem porquê leva-nos assim à realização do vazio: "Todas as criaturas são um puro nada. Não digo que elas são pequenas ou não importa o quê, elas são um puro nada" (Sermão "Todo dom excelente").

Aqui Eckhart é fiel ao ensinamento do Prólogo de São João: todas as coisas existem no Logos e sem o Logos nada existe; as criaturas só têm existência independente subjetiva. Quando esta subjetividade foi purificada pelo desapego e pelo não agir mental, não resta mais do que a evidência, a objetividade fulminante de nosso nada. O ser humano capaz de suportar este clarão é libertado da ilusão e do desejo de viver, ele toca em si "alguma coisa" que está além do espaço e do tempo. O além da morte é sua morada. Aceitar seu nada é de fato reunir-se de novo à Fonte incriada que torna possível toda manifestação.

73

"Ele é um 'alguma coisa' na alma que é incriada e incriável. Se a alma inteira fosse assim, ela seria incriada e incriável."

Quando este "fundo" foi tocado, atingido, não é mais possível falar de Deus da mesma maneira, não é mais possível idolatrá-lo sob forma de conceito ou de presença maleável, ao sabor do capricho humano; ele é aquela "Deidade" de que fala Eckhart e só os termos negativos conseguem caracterizá-la.

Nenhuma de nossas analogias apropriadas ao espaço e ao tempo pode convir quando se trata de falar de Deus. Ele é Imutável, Impensável; melhor seria dizer que "Ele não existe", que Ele é "um puro Nada", do que encerrá-lo nos nossos conceitos. O espírito entra então numa vacuidade essencial e, além de toda representação, ele se une ao Desconhecido que o habita e o escava, o esvazia, até os abismos.

Esta experiência do vazio, ainda que dolorosa para o ser criado, não é uma experiência patológica, uma incapacidade de viver. É a própria condição para que se realize um novo nascimento, a vida do incriado em nós.

Ser filho

> Já o disse muitas vezes, ele é uma potência na alma que não diz respeito ao tempo nem à carne; ela emana do espírito e permanece no espírito e é totalmente espiritual. Nesta potência, Deus verdeja e floresce totalmente, em toda a alegria e toda a honra que Ele é em si mesmo. Lá reinam um júbilo soberano e uma alegria tão incompreensivelmente grandes que ninguém saberia falar deles plenamente. Pois nesta potência "o Pai eterno gera continuamente seu Filho eterno" (Sermão "Jesus entrou").

Deixar ser, viver sem porquê, realizar o vazio: paradoxalmente isto nos leva a ser filhos, pois é neste vazio que o Pai gera Aquele que é Amor, Liberdade essencial.

Acreditava-se que o itinerário eckhartiano nos levaria para fora do cristianismo, mas ao contrário, ele nos leva ao que o cristianismo tem de mais universal. A vida cristã não é nada mais do que a vida do Filho em nós: luz, vida que ilumina todo homem que vem a este mundo. Deus não pode fazer mais do que encarnar-se no vazio que acaba de abrir-se ou de oferecer-se diante dele. O ser humano entra então no agora do Inefável. Ele está totalmente presente, é totalmente livre.

> Vede! Este homem permanece numa única e mesma luz com Deus: é por isso que não há nele nem sofrimento nem sucessão, mas uma igual eternidade. Na verdade, para este homem toda surpresa é eliminada e todas as coisas se mantêm essencialmente nele. É por isso que ele não recebe nada das coisas a vir nem de algum acaso; ele permanece num agora que, em todo tempo e sem cessar, é novo (Sermão "Jesus entrou").

"Ele passa no mundo fazendo o bem."

5

"Do homem nobre" segundo Mestre Eckhart*

Em seu tratado *Do homem nobre*, Mestre Eckhart lembra continuamente àqueles que o ouvem, o tesouro e a fonte que se ocultam neles, fundamento da nobreza de seu ser. Esta nobreza nem sempre é reconhecida na própria pessoa e nos outros: "Ela não é deste mundo." Mas para aquele que está disposto a atravessar o não reconhecimento de seus próximos e de trabalhar na emergência de seu ser essencial, a paz e a beatitude não são palavras vãs, mas revelação de sua filiação divina... de sua alta nobreza de filho de Deus.

O homem nobre – O homem interior

Em sua Epístola aos Coríntios (4–16), São Paulo lembra que o homem exterior perece. Como tudo que é composto, não poderia tardar em decompor-se. O homem interior, ao contrário, não cessa de renovar-se dia a dia. Este ser interior é o "homem nobre" de Mestre Eckhart.

> Nenhuma alma racional é privada de Deus. A semente de Deus está em nós... Esta semente pode estar encoberta ou

---

* Conferência dada no C.I.S.B., em 1983.

oculta, mas jamais aniquilada ou extinta. Ela é ardente, brilha, ilumina e queima, e tende sem cessar para Deus.

São Paulo lembrava aos humanos que eles eram "a raça de Deus". São Pedro lembrava-lhes que eram "participantes da natureza divina". Mestre Eckhart dirá: "Semeados, gerados de Deus."

Eis toda a nobreza do ser humano. A lembrança de uma tal origem deveria livrá-lo de toda vulgaridade e de toda mediocridade. Deveria sobretudo torná-lo humilde e simples, como só aqueles que sabem que tudo receberam sabem sê-lo, tão simples que nem mesmo se dão conta deles mesmos e do conhecimento que têm de Deus.

O homem nobre vive e respira além da dualidade que colocaria Deus como um objeto diante dele. Entre seu "eu" e Deus não há mais lugar para um "sou eu".

> O homem nobre toma e haure seu ser e toda a sua vida, toda a sua beatitude, unicamente de Deus, por Deus e só em Deus, não no conhecimento, na contemplação, no amor de Deus ou em outras coisas semelhantes.
>
> Por isso Nosso Senhor disse com toda razão que a Vida eterna consiste em conhecer só a Deus como o único Deus verdadeiro, e não em saber que se conhece a Deus.

Este não saber nos conduz a um nível mais alto que todo conhecimento neste poder incriado onde Deus e o ser humano fazem um só: "O que pois é mais nobre que aquele que nasceu, de um lado, do mais alto e do melhor da criatura e, de outro, do fundo mais íntimo da natureza divina e da solidão?"

Algumas dificuldades encontradas

Não podemos fazer tais afirmações sem chocar o ser humano sem experiência interior, e este não deixará de acusar o homem nobre "de dizer coisas que estão além do entendimento", ou de pretensões diabólicas...

É assim que foi julgado o próprio Mestre Eckhart. E assim serão julgados aqueles que ultrapassam um pouco a norma comum. A resposta do mestre turíngio é reafirmar sua experiência e é como um eco da palavra de Jesus aos fariseus: "Se eu vos dissesse outra coisa, seria um mentiroso."

> [...] muitos espíritos grosseiros dirão que muitas palavras que escrevi neste livro e em outros lugares não são verdadeiras, mas responderei com o que diz Agostinho no primeiro livro de suas *Confissões*: "Se alguém não compreende isto, o que posso fazer?"... O que me basta é que o que digo e escrevo seja verdadeiro em mim mesmo e em Deus. Quem vê um bastão mergulhado na água pensa que ele está quebrado, mas não está. A ilusão de vê-lo quebrado é que a água é mais densa que o ar. Entretanto o bastão está inteiro e não quebrado em si mesmo, assim como aos olhos de quem o vê somente na pureza do ar.
>
> Santo Agostinho diz: "Aquele que, sem pensamentos de todo tipo, sem toda sorte de representações e de imagens, reconhece interiormente o que nenhum olhar exterior consegue perceber, sabe que essas coisas são verdadeiras. Mas aquele que não sabe nada, ri e zomba de mim, e tenho pena dele. Entretanto, tais pessoas pretendem contemplar e saborear as coisas eternas, enquanto seu coração ainda voa de ontem para amanhã" (cf. *O livro da divina consolação*).

Pensadores mais sábios, mas também mal-intencionados, poderiam reprovar esta doutrina do homem nobre de semear mais confusão do que luz e dizer que "não é necessário ensinar aos ignorantes o que eles não são capazes de compreender" (*coram vulgo simplici*). Tal é o motivo invocado na carta de João XXII, datada de Avignon, 15 de abril de 1329, ao bispo de Colônia, Henrique de Virneburg, para recomendar-lhe que torne pública em sua diocese a condenação perpetrada em Avignon, a 27 de março de 1329. A isto Mestre Eckhart já havia respondido, invocando mais uma vez a própria palavra do Evangelho.

> Dir-se-á que não se deve enunciar nem escrever tais doutrinas para os ignorantes. Respondo que, se não instruirmos os ignorantes, ninguém jamais será instruído, ninguém poderá ensinar nem escrever. Pois instruímos os ignorantes para que, de ignorantes que eram, se tornem pessoas instruídas... "Não são os que têm saúde que precisam de médico", diz Nosso Senhor (Lc 5,31).
>
> O médico está aí para curar os doentes. Mas se alguém compreende mal esta palavra, o que pode fazer aquele que diz justamente esta palavra justa?
>
> São João anuncia o santo Evangelho a todos os crentes e também aos incrédulos para que se tornem crentes; e, não obstante, ele começa o Evangelho pelas coisas mais altas que um ser humano pode dizer de Deus aqui na Terra; e muitas vezes também suas palavras, assim como as de Nosso Senhor, foram mal compreendidas (*O livro da divina consolação*).

Mas os obstáculos mais importantes que o homem nobre encontra não vêm do exterior, mas do interior dele mesmo, de sua negligência, de sua superficialidade, de sua loucura que consiste em ficar com a casca e jogar fora a amêndoa, em manter o que está no tempo e a perder o que permanece no eterno.

> A semente de Deus está em nós. Se ela tivesse um cultivador bom e sábio, trabalhador, prosperaria muito mais e se elevaria para Deus, pois é semente de Deus, e o fruto seria semelhante à natureza de Deus... Mas se a boa semente cai na mão de um cultivador insensato e mau, o joio toma conta, cobre e abafa a boa semente, de modo que ela não pode chegar à luz nem desenvolver-se.

Um outro obstáculo consiste no nosso apego à multiplicidade, às imagens, às distinções, às opiniões que pertencem ao "velho homem" e que impedem a realização da Unidade, da simplicidade, que é própria do "homem novo" (um outro nome do "homem nobre"):

> Na distinção não encontramos nem o Um, nem o Ser, nem Deus, nem repouso, nem beatitude, nem satisfação. Sê Um, a fim de que possas encontrar a Deus, e em verdade; se tu fosses verdadeiramente Um, permanecerias Um também na diversidade e a diversidade se tornaria Um para ti e não poderia entravar-te absolutamente em nada.

As parábolas da itinerância

Para chegar a esta Unidade que nos torna semelhantes a Deus, qual é o caminho?

Mestre Eckhart não nos traça um roteiro ou itinerário preciso. Mas nos oferece um certo número de pontos de referência que são como "degraus" de intensidade ou de proximidade da Única Presença. Muito mais do que de itinerário, poderíamos falar de itinerância... pensando na borboleta que não cessa de ir e vir, depois de fazer voltas em torno da chama, antes de consumir-se nela.

> O primeiro degrau do homem interior, do homem novo, como diz Santo Agostinho, é aquele em que ele procura viver à imitação de homens bons e santos, mas ainda anda segurando-se nas cadeiras ou nas paredes e ainda se nutre de leite.
>
> O segundo degrau é aquele em que ele não fixa os olhos unicamente nos modelos exteriores ou ainda em homens bons, mas corre a buscar agora, pressuroso, os ensinamentos e os conselhos de Deus e da Sabedoria divina. Ele vira as costas aos homens e volta o rosto

para Deus, abandona o colo da mãe e sorri para seu Pai celeste.

No terceiro degrau, o homem se livra cada vez mais da influência da mãe e se afasta cada vez mais do seio materno, escapa à solicitude e rejeita qualquer temor. Se tivesse possibilidade de fazer o mal ou prejudicar alguém, mesmo sem sofrer nenhum dano da parte do ofendido, nem assim teria vontade de fazê-lo. Com efeito, pelo Amor ele está ligado e confiado a Deus num zelo constante, de tal forma que Deus o colocou e estabeleceu na alegria e na doçura, e neste estado lhe repugna tudo que é dissemelhante e estranho, tudo que não convém a Deus.

No quarto degrau, o homem cresce cada vez mais e se aprofunda no amor de Deus, a ponto de estar sempre pronto a assumir, de boa vontade e de bom coração, avidamente e com alegria, todos os tipos de tribulações e de provas, de contrariedades e de penas.

No quinto degrau, o homem vive em toda parte e espontaneamente na paz, calma e tranquila, na riqueza e no gozo da suprema e indizível Sabedoria.

No sexto degrau, o homem é despojado de si mesmo e revestido da eternidade de Deus, chegando à perfeição completa. Ele esqueceu a vida temporal com tudo que ela tem de perecível; foi arrebatado e transformado numa imagem divina, tornando-se um filho de Deus. Degrau ulterior e mais elevado não há. Aqui ele atingiu o repouso eterno, a bem-aventurança, porque o fim último do homem interior, do homem novo, é a Vida eterna.

Melhor do que esta descrição linear e ainda tão lógica do percurso do ser humano para Deus, Mestre Eckhart vai recorrer às imagens e parábolas dos padres da Igreja, especialmente de Orígenes, que sugerem mais do que explicam a revelação do Ser incriado no coração da criatura.

A respeito deste homem interior, deste homem nobre, no qual está impressa a imagem de Deus e semeada a semente de Deus, como esta semente e esta imagem da natureza divina e da essência divina que são o próprio Filho de Deus nele se revelam e como ele toma consciência delas; como acontece às vezes que elas sejam ocultas, tudo isto o grande Mestre Orígenes nos expõe numa parábola. O Filho de Deus – diz ele – imagem de Deus, está no fundo da alma como uma fonte de água viva. Quando se joga terra sobre esta água viva, isto é, desejos terrestres, ela fica recoberta e oculta, a ponto de não se poder mais conhecê-la nem percebê-la. Mas em si mesma ela continua viva. Tirando-se a terra que encobre sua superfície, ela reaparece e pode-se vê-la de novo. E ele diz ainda que esta verdade se encontra expressa no primeiro livro de Moisés, onde está escrito que Abraão havia cavado em seu campo poços de água viva, mas que pessoas mal-intencionadas os haviam entupido de terra. Mas quando a terra foi retirada, as fontes se tornaram novamente vivas (Gn 26,15-19). Outras parábolas ainda existem sobre este tema. O Sol brilha sem parar, mas quando uma nuvem ou um nevoeiro se interpõe entre nós e o Sol, não percebemos mais a luz do Sol. Assim também, quando o olho está doente e enfermo em si, a claridade lhe é desconhecida. Às vezes também eu recorri a uma comparação surpreendente: quando um artista faz uma estátua em madeira ou em pedra, não a introduz na madeira, mas, ao contrário, retira as lascas que ocultavam e cobriam a estátua. Ele não acrescenta nada à madeira, mas lhe retira alguma coisa, faz cair sob seu cinzel todo o exterior e faz desaparecer as rugosidades, e então pode resplandecer o que se encontrava oculto lá dentro. Eis o tesouro escondido num campo, de que fala Nosso Senhor (Mt 1,44).

Como se pode ver, em Mestre Eckhart, como nos primeiros cristãos, a gnose nunca se separa da práxis. Gregório de Nazianzo dizia: "É bom falar de Deus, mas é melhor purificar-se para conhecê-lo verdadeiramente."

Não basta saber que a fonte está aqui: é preciso ainda cavar o poço. Também não basta saber que a luz não cessa de brilhar: ainda é preciso abrir as janelas ou limpar as vidraças para que todo o quarto fique iluminado.

O ouro está no minério. Trata-se de purificá-lo de tudo que lhe é estranho.

A itinerância eckhartiana é um lento trabalho de depuração, de simplificação, de desidentificação com tudo que é estranho à nossa vida essencial, todas essas falsas imagens, essas caricaturas que somos para nós mesmos... até o dia em que brilhe, em toda a sua claridade, a verdade do Filho: "Antes que Abraão fosse, Eu sou." A nobreza do homem não é outra senão a presença, no espaço e no tempo, do único e eterno "Eu sou".

6
O cristianismo e as religiões*

Há apenas dois séculos, toda civilização podia visar à autonomia e viver separada das outras. Salvo através de uma elite ou de aventureiros, praticamente não havia relações entre elas. Cada cultura, exprimindo-se numa religião particular, podia ser persuadida de que esta religião era a única; que as outras não ofereciam senão pouco interesse ou eram apenas manifestações "selvagens" da verdade que ela própria possuía em plenitude. A situação parece mudada hoje em dia. Cada cultura pretende estar aberta às outras; elementos de civilizações estrangeiras podem penetrar na nossa e trazer-lhe transformações. Não só os textos sagrados das grandes religiões são traduzidos em livro de bolso – o Corão, a Bhagavad Gita, o Tao-te King, etc. –, mas também seus lugares de culto ou de meditação nos são abertos. Ainda não estamos no ponto em que está a Califórnia, onde se pode em menos de um dia "visitar" todas as grandes religiões da humanidade e seus *erzatz*, que são as seitas.

Lembro-me daquele meu amigo de Sunset Boulevard que passava seu fim de semana de igreja em mesquita, de mesquita em ashram, passando pelo templo. Ele se declarava budista com os budistas, batista com os batistas, e fazia cachos de cabelos caindo sobre as

---

* Conferência dada em Toulouse, em 1982.

orelhas para melhor fazer-se judeu com os judeus e nunca esquecia de fechar o colarinho de sua camisa para assistir à missa católica romana; de fato, era este o "sinal distintivo" pelo qual se distinguia, no domingo de manhã, o "cristão liberal" do "papista" moderado... Tudo isto pode nos parecer caricatural, mas é uma atitude bastante comum, sobretudo entre os jovens, este sentimento de pertencer "a todas as religiões".

No Hollywood Boulevard, perto do famoso Chinese Theater, não era raro encontrar jovens que, depois de dançar com os discípulos de Krishna, se punham de joelhos alguns metros adiante no mesmo passeio, para invocar o nome de Jesus Cristo com um grupo de pentecostais fervorosos. Este tipo de sincretismo prático não só nos coloca pouco à vontade, como nos propõe um certo número de questões.

Problemas que surgem

Na verdade, por que esta diversidade de religiões? Sendo o cristianismo apenas uma religião entre as outras, e extremamente minoritária em alguns continentes, qual é seu lugar? Qual é sua originalidade? Sua diferença? Por que ser cristão em vez de ser de outra crença? Uma frase que se ouve frequentemente é esta: "Se eu tivesse nascido na China, certamente não seria católico!"

Será que a verdade do cristianismo dependeria então de circunstâncias de espaço e tempo?

Não são equivalentes todas as religiões?

Não é orgulho e vaidade ter a pretensão de conhecer a verdade?

Deste modo, introduz-se em muitos espíritos um certo relativismo. A diversidade de religiões se torna o pretexto ou a escusa para não praticar nenhuma. Esta diversidade, em vez de aprofundar a fé, muitas vezes nutre a dúvida; daí uma aceitação algumas vezes favorável às óticas redutoras sobre a religião e a fé.

Soluções propostas

1. Soluções redutoras

Há uns cinquenta anos, as interpretações redutoras do fenômeno religioso ainda continuam vigorando. Elas são conhecidas de todos. Por isso bastará passá-las rapidamente em revista, sem estender-nos.

Para Freud, a religião não passa de uma projeção, projeção no céu dos objetos de nosso desejo: o pai consolador, a mãe protetora; ou pior, objetos de nossos medos infantis: o pai castrador, a madrasta.

De um ou de outro modo, há religião porque o ser humano é incapaz de assumir-se a si mesmo, com seus limites, suas carências, sua mortalidade. E quando Romain Rolland fala a Freud de sua experiência interior de imensidade, daquele "sentimento oceânico", este responde que se trata de uma regressão ao estado fetal: nostalgia do líquido amniótico, o paraíso perdido que só pode ser o seio de nossas mães...

Para Nietzsche, a religião é o apanágio dos fracos, dos impotentes, um mero fenômeno de compensação. Os cristãos chamam sua frouxidão de humildade; sua fraqueza, sua incapacidade de vingar-se, de amor. Os fortes, os super-homens não precisam de Deus. Não são eles mesmos Deus?

Para Marx, enfim, a religião é alienação, desvio das forças vivas do ser humano, ópio do povo, suspiro do homem infeliz. Numa sociedade onde reinam a justiça e a igualdade, não há mais necessidade de Deus...

Assim, a interpretação redutora do fenômeno religioso se manifesta pela expressão: "Nada mais do quê".

A religião não é "nada mais do quê": projeção, compensação, alienação.

Essas críticas foram elaboradas no mundo ocidental e visavam principalmente as religiões judaico-cristãs. Nos tempos de hoje elas se dirigem a todas as religiões.

2. Soluções fenomenológicas

À diferença das soluções redutoras que interpretam sem mais nem menos o fenômeno religioso, a fenomenologia pretende ser principalmente neutra, imparcial. Antes de interpretar, é preciso examinar, é preciso descrever. Tal é o trabalho da fenomenologia das religiões, trabalho lento de inventário, de classificação dos ritos, dos costumes, dos grandes mitos... É o trabalho de um homem como Mircea Eliade (ainda que ele pretenda ser um pouco mais que um fenomenólogo, na medida em que investiga o significado desses mitos e a situação existencial que os provocou).

O que se pode concluir desta pesquisa em "ciências" ou em fenomenologia das religiões é que o ser humano é um "animal religioso", um *homo religiosus*. Ele não vive apenas na história, na economia, nos impulsos, mas vive também no sonho. As religiões são a expressão deste imaginário ou deste imaginal (Henri Corbin) sem o qual ele não poderia viver, sem o qual ele não seria humano.

3. Solução de tipo gnóstico

Para o gnóstico, não há nenhuma dúvida de que o ser humano é um "animal religioso", isto é, que por todos os meios possíveis ele buscará "religar-se", entrar em relação com o Absoluto, com a origem, que se chama Deus, Alá, Tao, Nirvana, ou outro nome qualquer.

A tese proposta por Schuon em seu livro *L'Unité transcendante des religions* é da escola chamada *philosophia perennis* à qual pertencem Aldous Huxley e René Guénon. Hoje em dia ela é representada por Schuon, Martin Luigi e Huston Smith nos Estados Unidos.

Resumindo em linhas gerais sua tese, poderíamos dizer: a distinção entre as religiões históricas é inevitável, condicionada pelo contexto climático, antropológico, cultural... mas existe, no fundo ou no ápice, uma unidade, um centro comum a todas as religiões que só os sábios e os iniciados conseguem atingir.

Para o crente comum, há oposição entre as religiões para o iniciado. Para ele só há uma religião: a do Ser único que se manifesta sob formas múltiplas.

O problema não é mais o da distinção entre as religiões, mas o da distinção entre dois tipos psicológicos: o esotérico e o exotérico, o não iniciado e o iniciado (o gnóstico), isto é, dois tipos de conhecimento, um ainda ligado às diversidades, e o outro que já realizou a unidade do todo.

4. Soluções teológicas

Seria bom ouvir a voz dos teólogos dos primeiros tempos do cristianismo para saber como eles viam este encontro da novidade cristã com as outras religiões. É conhecida a teoria do *Logos spermatikos* de São Justino, das "sementes" do Logos espalhadas por todo o universo nas almas dos justos porque "o Logos é a luz que ilumina todo homem que vem ao mundo" (cf. o Prólogo de São João). Também é conhecido o que diz Santo Agostinho sobre as "virtudes dos pagãos" e sobre "a religião cristã que existe desde o começo do mundo".

Mas vou limitar-me aqui às soluções teológicas propostas por teólogos e filósofos contemporâneos.

Zaehner, professor de história das religiões em Oxford

Ele distingue dois tipos de religiões: as religiões místicas e as religiões proféticas. A diferença essencial entre elas é a seguinte: as religiões proféticas partem de uma revelação recebida e transmitida, enquanto que as religiões místicas (embora falem esporadicamente de revelação ou se apoiem em textos considerados revelados) partem de uma experiência espiritual cujo fruto é comunicado aos beneficiários.

A partir daí acusam-se as diferenças. A mais típica é a do personagem central. Nas religiões reveladas, é o profeta que transmite uma mensagem (o profeta é apenas o instrumento de uma revelação que o atravessa e o ultrapassa; sua qualidade de vida e de santidade não está necessariamente relacionada com sua mensagem). Nas religiões místicas, é o sábio que mostra o caminho (o sábio não transmite, propriamente falando, uma mensagem, mas a qualidade de sua experiência espiritual irradia como uma bênção viva). O itinerário religioso de uns e de outros é diferente e até inverso. De um lado, parte-se de Deus, considerado transcendente, que envia sua revelação por meio de profetas; de outro, parte-se da alma que busca a iluminação, num caminho em que Deus aparece sobretudo como imanente e não é necessariamente chamado como tal.

Daí decorre a atitude geral dos crentes. Do lado das religiões reveladas, que estão de posse de textos ditados de alguma forma por Deus, como verdade a transmitir a todos os humanos, os fiéis têm espontaneamente a atitude dogmática, combativa e sem complacência dos detentores da verdade, ciosos em ensinar ao extremo, com um risco de fanatismo. Do outro lado, como tudo se baseia na experiência pessoal de cada um, que não é fruto de um ensinamento nem de uma obrigação, mas de um contágio onde toda busca autêntica tem seu valor, seja qual for o horizonte, os adeptos terão espontaneamente uma atitude tolerante, acolhedora das diversas maneiras de conceber a verdade, numa perspectiva em que cada um tem "seu caminho" (religiões proféticas: judaísmo, islã, zoroastrismo. Religiões místicas: hinduísmo, budismo, taoísmo).

Deus da religião, Deus da fé

A distinção entre um Deus revelado do exterior e de um Deus descoberto no interior do ser humano acarreta esta outra distinção que teve alguns sucessos há uns quinze anos: Deus da religião e Deus da fé.

O Deus da fé é aquele que nos é revelado por sua Palavra e que se conhece aderindo a esta Palavra.

O Deus da religião é apenas o esforço do ser humano para conciliar-se com as forças criadoras através de ritos, de exercícios: "A religião é incredulidade." Para Barth, é preciso despojar o cristianismo de tudo que ele tem de religioso para que se torne de novo uma via evangélica, via de fé pura, assentimento do coração e da inteligência à Palavra revelada.

Jacques Maritain, Louis Gardet, Olivier Lacombe

Estes fazem uma outra distinção: a distinção entre as religiões consideradas naturais e as religiões sobrenaturais.

Por mística natural devemos entender a experiência do si mesmo, experiência das profundezas da alma ou das profundezas do cosmos; por mística sobrenatural é preciso entender a relação com o Deus pessoal, a elevação pela graça à própria vida do Deus Trindade.

A oposição é entre uma experiência do Absoluto como impessoal e uma experiência do Absoluto como pessoal.

Os corolários que decorrem desta experiência são graves quanto ao estatuto ontológico do ser humano: é ele apenas uma gota d'água que deve dissolver-se no oceano da divindade, ou conserva sua própria autonomia? Foi ele criado capaz de uma relação livre e pessoal com Aquele que ele reconhece como a própria fonte de sua existência?

5. Solução elefantina

Resta ainda uma solução, a de reconhecer-se cego em torno do elefante.

Vocês conhecem a história: alguns cegos se reuniram em torno de um elefante para definir-lhe a natureza: "É um tronco nodoso", diz aquele que pegou a perna. "Não, parece uma folha de couve bem macia", afirmou aquele que pegou a orelha. "Vocês não sabem de nada. O elefante é uma mangueira", contentou-se em afirmar, todo satisfeito, aquele que acabava de apalpar a tromba do animal.

Análise das soluções propostas

Enquanto eu estudava as soluções propostas a este difícil problema da diversidade das religiões, vieram-me à mente algumas reflexões. Não se trata propriamente de análises, e estou plenamente consciente de que cada uma dessas reflexões deveria vir acompanhada de um trabalho muito mais aprofundado. Portanto, trata-se apenas de um esboço.

1. Soluções redutoras

O que pensar das soluções redutoras do fenômeno religioso?

A discussão das obras de Freud é algo que se desenvolveu muito nesses últimos anos, sobretudo nos Estados Unidos. Penso em

Frankl, em Erich Fromm, mas a discussão já havia começado com Jung. Cada psiquiatra tem uma certa imagem do ser humano, consciente ou inconsciente, e é a partir desta imagem que alguém é julgado são ou doente; é a partir desta imagem que serão interpretados os sonhos... Por exemplo, se alguém sonha com a flecha da torre de uma catedral, para um freudiano é evidente que ele está recalcando sua libido e que a flecha da torre é o pênis em ereção que lhe falta. Para um adleriano é bem claro que ele sofre de um complexo de inferioridade e que a flecha da torre da catedral manifesta sua vontade de poder. Enfim, um junguiano não tem nenhuma dúvida de que ele é tomado por um forte desejo de absoluto e que a flecha da catedral é o arquétipo desse desejo, etc.

Vocês também deveriam perguntar ao seu analista: "Qual é a sua imagem do ser humano?" E saberiam imediatamente em que sentido seriam interpretados suas doenças, seus impulsos e seus sonhos...

Frankl, em seu livro *O Deus inconsciente*, mostra que Deus nem sempre é uma projeção no céu azul de "nosso pai que está na terra", mas que talvez seja o contrário: se temos um pai, uma mãe, é que eles "participam", por assim dizer, de uma força criadora que se pode chamar "paternidade". Aliás é o que diz São Paulo: "Deus, de quem procede toda paternidade." Ele chega assim a uma conclusão completamente contrária à de Freud.

Por outro lado, mostrou-se que o recalque da "pulsão religiosa", aquele desejo da Verdade, do Belo e do Bem que cada um traz em si, pode entravar o desenvolvimento harmonioso da personalidade e impedir o sujeito de integrar os diferentes níveis de seu ser em relação a um centro ou a uma profundidade. Jung fazia observar que toda pessoa que não se interessa pelos problemas religiosos depois dos quarenta anos pode ser considerada, se não como doente, pelo menos como imatura.

Se não se adora a Deus, adorar-se-á ídolos – coisas: o dinheiro, o poder... Se não se crê em Deus, a fé será dirigida a uma outra coisa, e muitas vezes em não importa o quê. Não há crentes e ateus, mas crentes e idólatras.

A Nietzsche podemos responder que, se existem muitos pusilânimes entre os cristãos, também existem muitos santos que nada têm de impotentes ou incapazes, e que nem por isso têm a pretensão de serem super homens. Basta pensar na atividade e na oração de Santa Teresa de Ávila, e em seu equilíbrio: "Os pés na terra e a cabeça no céu."

Não devemos julgar o fruto pelas suas cascas e jogar as cascas aos porcos. Deixemos as cascas, as falhas do cristianismo, a Nietzsche e alegremo-nos de salvar o fruto, alegremo-nos com a grandeza de Cristo e com a beleza dos santos.

Quanto a Marx, para responder-lhe bastaria dar a palavra a Soljenitsyne ou a Sakharov, ou ainda a Maurice Clavel ou aos poloneses de hoje. Numa sociedade em que Deus não existe, não há mais liberdade possível; não há mais recurso a um poder que não seja o poder do Estado. Na União Soviética, as únicas pessoas que não encontrei "alienadas" pelo Estado, pelo medo, eram cristãos, como se a fé e a religião fossem justamente o contrário da alienação, aquilo que preserva no ser humano um espaço de liberdade, algo de inalienável, que nenhum poder pode dominar.

2. Soluções fenomenológicas

O que pensar agora da atitude científica ou fenomenológica face à religião?

A religião não é um objeto ou uma "coisa" que se pode analisar do exterior. Não é a análise química da hóstia que nos permitirá descobrir a presença real de Cristo na eucaristia. Como pode alguém ter a pretensão de conhecer uma religião sem fazer parte dela, sem partilhar a fé que a torna possível?

É por isso, sem dúvida, que a fenomenologia das religiões se orienta cada vez mais para as religiões mortas, para os mitos mais arcaicos, e se torna, por assim dizer, um anexo da etnologia.

Aliás, o observável numa religião nem sempre é o essencial. Pode-se medir com um eletroencefalograma as ondas alfa emitidas por nosso cérebro durante a meditação, mas não é segundo este critério que devemos julgar a qualidade de uma oração. A fé e o amor não se medem e, propriamente falando, não são objetos da ciência.

3. Solução de tipo gnóstico

Aqui seria necessário retomar a crítica de Kierkegaard a propósito do sistema hegeliano: o esquecimento do particular, do singular, é o esquecimento do ser humano. Toda sistematização é perigosa.

Huston Smith, na Syracuse University, tomou um exemplo para me mostrar a unidade das religiões:

"Todos os humanos são exteriormente diferentes, mas no interior todos têm um esqueleto; para todos, a estrutura é a mesma." A esta afirmação, respondi: "Você tem razão, mas o que me agrada no ser humano é seu corpo, seu rosto, com aquele sorriso, aquele olhar tão particular... não é seu esqueleto." O essencial numa religião talvez seja o que ela tem de único, de particular, o que a diferencia das outras e não o que ela tem em comum. A redução a uma estrutura que seria comum a todas as religiões nada tem de "transcendente"; trata-se na verdade de uma redução.

Aliás, a oposição entre exoterismo/esoterismo e iniciado/não iniciado parece-me suspeita. Os santos se consideram muito mais como pecadores que devem tudo o que são à misericórdia de Deus do que como iniciados a uma gnose qualquer. No cristianismo, não há esoterismo, e se os cristãos têm o sentido do Mistério, eles não têm "segredos". Seu esoterismo é a santidade, é o amor. Ora, todo mundo tem o direito de amar, e quem ama mais é o iniciado que alcançou um grau mais alto. Ele é iniciado ao Mistério da própria vida de Deus:

"Quem permanece no amor permanece em Deus e Deus permanece nele" (Primeira Epístola de João).

4. Soluções teológicas

O que valem estas distinções: religiões místicas/religiões proféticas? Religiões naturais/religiões sobrenaturais? Deus da fé/Deus das religiões?

O sábio e o profeta

Poderíamos esquematizar a oposição sábio/profeta, de Zaehner, desta maneira: a experiência de um vem do alto, do exterior; a experiência do outro vem de baixo, do fundo, do interior.

Será que há de fato oposição? Deus não é ao mesmo tempo transcendente e imanente? Não pode Ele ao mesmo tempo agir do interior e do exterior? Não é isto, aliás, que acontece?

A Palavra que o profeta recebe, ele a recebe exatamente no interior dele mesmo. Tudo que nos é revelado de Deus é exatamente o ser humano que o diz. E a experiência que o sábio recebe, ele não a recebe como alguma coisa que o ultrapassa, que o transcende? Ainda que só existam termos negativos para defini-la (*nir-guna* = sem qualidade, *nir-vana* = literalmente: que não tem mais nada a consumir).

Aliás, se considerarmos a própria experiência de Cristo, não é Ele ao mesmo tempo um profeta e um sábio? Ele transmite uma Palavra, uma mensagem e ao mesmo tempo comunica uma Vida, uma Presença.

Mística natural, mística sobrenatural

A oposição que parece ser a mais radical é aquela que contrasta a experiência de um si mesmo impessoal (mística natural) com a experiência do Deus pessoal (mística sobrenatural).

Aqui o problema é saber o que é realmente uma Pessoa. O que queremos dizer quando dizemos que Deus é uma Pessoa? Queremos dizer, sem dúvida, que a presença infinita que informa o universo e que nos habita não é alguma coisa abstrata; não é uma causa primeira cujo efeito mais ou menos necessário seríamos nós, mas um Ser que ama, cujo fruto desejado, querido e amado, somos nós.

"Pessoa", diz Santo Tomás, quer dizer "relação". Dizer que Deus é uma Pessoa, quer dizer que estamos em relação com Ele: que fomos criados e nascemos capazes de entrar em relação com Ele, não apenas como criaturas, mas como filhos, se cremos na Palavra do Filho único.

Mas é verdade que existem religiões, ou melhor, correntes místicas que não percebem a Fonte da existência como um *Tu*, como um Ser com o qual podemos fazer aliança e entrar em diálogo. Para o sábio advaíta, por exemplo, se Abraão toma Deus como alguém, como uma pessoa que o chama, é que ele vive ainda num estado de consciência limitada. Se ele tivesse realmente transcendido a consciência, não haveria mais pessoa, mas o vazio infinito de onde nasce toda manifestação, mais ou menos como aqueles buracos negros descobertos pela física contemporânea: lá nascem os universos, lá os universos são reabsorvidos. Deus não é um buraco negro, mas certamente também não é o que dizemos ou pensamos que Ele é.

As experiências de "vazio" e de "noite" dos místicos do Oriente e do Ocidente nos ensinam a desconfiar do antropomorfismo e a tomar cuidado, quando afirmamos que Deus é uma Pessoa, para não fazer dele uma pessoa à nossa imagem.

Quanto mais encontramos alguém em profundidade, mais descobrimos nele o desconhecido, o mistério, o que ele tem de particular e de universal. Poderíamos dizer o que ele tem de impessoal e de pessoal?

Deus da fé, Deus da religião

É possível uma fé sem religião? Se a fé é aderir com todo o nosso ser à Palavra de Deus, não está prescrito nesta Palavra um certo número de atos? E praticar o que cremos, não é exatamente isto a religião? Não há fé sem as obras, do contrário seria uma fé morta (cf. Epístola de São Tiago).

Da mesma forma, não há religião que não suponha uma fé. Fazemos esta ou aquela coisa, cumprimos este ou aquele rito porque cremos neles, do contrário seria um absurdo. As obras sem a fé são obras mortas.

Uma fé sem religião é uma fé puramente verbal, desencarnada. Uma religião sem fé é uma religião sem espírito, sem coração, formal. Quando K. Barth diz que "a religião é incredulidade", ele se coloca numa atitude polêmica. E, como em toda polêmica, é a objetividade que é prejudicada. Quando se viveu entre os "religiosos" de outras religiões – refiro-me aos hassidins judeus de Nova Iorque –, é difícil duvidar que sua prática não se apoia numa fé profunda na Palavra que lhes prescreveu esses costumes, mesmo que nos pareçam irrisórios, porque a Palavra de Cristo nos convida a praticar outros ritos e outras obras: uma outra religião.

Sem dúvida, é preciso desenvolver muito mais a análise da crítica das diferentes soluções que nos foram propostas. Se nenhuma nos pareceu satisfatória ou definitiva, será que deveríamos nos restringir à solução elefantina, dizer que somos todos cegos? Tomar consciência de nossa cegueira e, em vez de lutar por nossos conceitos, por nossas representações da Verdade, entrar em acordo e reconhecer que cada um diz a verdade, segundo seu ponto de vista? Isto nos levaria a um certo relativismo... relativismo que não satisfaz o coração nem o espírito. Como nossos olhos foram feitos para a luz, nosso espírito foi feito para a verdade, e nosso coração não encontra repouso enquanto não repousar nesta verdade.

5. Uma outra resposta

Deveríamos, talvez, abordar o problema das religiões e do cristianismo de uma outra maneira? Partir das questões fundamentais do ser humano: por que vivo, por que sofro, por que há existência em vez do nada etc.? "Voltar ao nosso coração", como dizem os profetas, e examinar as respostas que as grandes religiões nos dão...

Outrora, a pessoa podia encontrar as respostas na religião de seu país, na cultura em que se encontrava. Hoje, pode-se ter lido o Bhagavad Gita antes do Evangelho, o Tao-te King antes das Epístolas de São Paulo...

Impõe-se, então, uma nova questão: qual é a religião que recapitula o maior número de verdades possíveis? Aquela que não exclui nada das outras religiões, mas recoloca cada coisa na ordem, na harmonia do Todo? A resposta é difícil, se não impossível! O que continua possível não é fazer uma demonstração de que esta religião é melhor que aquela outra, mas dar testemunho da própria religião, dizer humildemente por que se partilha esta fé em vez daquela outra.

É tudo que posso fazer agora, porque é bem evidente que, se o cristianismo não fosse para mim a Verdade, eu não estaria aqui. Se o cristianismo não fosse a Verdade, não haveria nenhum interesse. Se alguém puder me mostrar que o cristianismo é falso, que ele não passa de uma ilusão, abandono-o imediatamente, sem dúvida! Se o cristianismo não recapitula tudo que as outras religiões têm de positivo, ele não me interessa.

Cristo veio salvar o que estava perdido. Nada pode perder-se de tudo o que existe, nem a religião, senão o Salvador não trabalharia em união com o Criador. E qual seria este Criador que não quisesse a salvação, a plena realização, a felicidade do que Ele criou?

O que me impressionou ao ir à Índia foi encontrar hindus que vinham para o Ocidente. Eu ia lá buscar não sei que "suplemento da alma", uma sabedoria diferente daquela que as boas condições da vida material nos oferece; eles vinham buscar aqui no Ocidente uma solução para os seus problemas econômicos e sociais. E eu me dizia: "É curioso! Para os sábios hindus só há Deus, só existe o Absoluto. O mundo material não existe, ele é *Maya*, ilusão. É preciso livrar-se do próprio corpo e da matéria para encontrar o Absoluto... Para os pensadores ocidentais só existe o ser humano, a matéria. Deus não passa de uma superstição, fruto de nosso imaginário insatisfeito. Assim, de um lado, só há Deus, e, de outro, só há o ser humano."

E eu não podia negar nem um nem o outro. Não podia negar meu corpo, nem a Inteligência que informava este acúmulo de moléculas irrisórias. Foi no momento em que me colocava essas questões que descobri o cristianismo, o cristianismo ortodoxo, mais precisamente. E o que me impressionou foi que no cristianismo Deus existe, o ser humano existe. A matéria não é uma ilusão, Deus não é uma ilusão. Tudo é real. E na própria pessoa de Cristo, Deus e o ser humano são um só. Nele, tudo me pareceu recapitulado. Deus não existe sem o ser humano e o ser humano não existe sem Deus. Não há mais oposição, mas comunhão.

Assim também, um dia, aquela oposição entre vida interior e vida exterior estava como que resolvida. Foi num dos museus de Tessalônica. Numa primeira sala, havia Apolos gregos belíssimos, beleza dos músculos, da nudez, dos grandes olhos abertos mas vazios – uma beleza de cunho totalmente exterior. Numa segunda sala, fui particularmente atraído por uma estátua de Buda. Os olhos semicerrados, numa atitude de concentração profunda e serena – uma beleza radiante, totalmente interior. Foi então que descobri um pouco mais longe um ícone, um rosto de Cristo no qual havia a serenidade, a paz de Buda, mas com olhos abertos e de uma vida intensa; um rosto no qual esta oposição "interior e exterior" não tinha mais sentido. Sem dúvida porque este rosto era a revelação do amor e porque, no amor, o que se vive no mais íntimo do ser humano se manifesta também no exterior, em atitudes bem concretas.

Será que existe um único rosto do ser humano ao qual o rosto de Cristo seja estranho? Ele é o homem transfigurado. É o homem crucificado. É o homem que irradia a Presença de Deus. Ele é também o homem só, abandonado de todos e daquele que Ele chamava Pai.

Em Cristo, tudo parece recapitulado. É o que chamamos teandrismo (de *theos* = Deus e *andros* = homem). Deus e o ser humano estão indissociavelmente ligados, e este teandrismo nos introduz num outro tipo de verdade. Não se trata de um sistema, de uma acumulação de conceitos reunidos em todos os tipos de ciências e de religiões. Trata-se de Alguém, de uma Verdade em Pessoa.

A razões, sempre será possível opor outras razões; a sistemas, outros sistemas. Mas o que se pode opor à vida? Ao dom da vida?

Doravante, também para mim, estar na verdade não é mais possuir um saber: é nascer cada dia com Cristo, é conascer (*connaître*), partilhar sua vida. Não é seguir uma ideia, um ideal, é seguir alguém...

7
Budismo e cristianismo*
Palavras de Siddharta, o Buda,
e de Jesus, o Cristo

O caminho que vamos seguir nesta exposição não será comparar budismo e cristianismo, Buda e Cristo, no sentido de um ser melhor do que o outro, de um ser bom e o outro ruim.

Quem somos nós para julgar? Para estipular preços de verdade?

"O que é, é", "o que não é, não é" – é uma expressão comum a Siddharta e a Jesus.

Não nos cabe projetar nossos temores ou nossos desejos sobre eles, mas olhá-los, ouvi-los tais como são e esclarecer-nos com seus ensinamentos!

Quando alguém é encerrado num quarto escuro, não lhe interessa se a janela que pode dar-lhe luz está virada para o leste ou para o oeste... mas acolhe com gratidão o mínimo raio de sol... Toda palavra que nos torna livres, que nos desperta para "o que é", deve ser recebida com gratidão.

"Toda palavra de verdade, seja qual for a sua origem – dizia Santo Tomás – é inspirada pelo único Espírito", porque não há outro deus senão Deus, outra realidade senão a Realidade.

---

* Conferência dada em Estrasburgo, Bruxelas e Genebra, em 1984.

Dito isto, Buda é Buda e Cristo é Cristo, cada um com sua beleza própria. Seria um dano e um erro não respeitar a originalidade de cada um, misturar tudo. O sincretismo não é apenas caricatura da Unidade, mas impede a verdadeira Unidade de realizar-se, respeitando as diferenças.

Também seria um dano colocá-los em oposição, de modo irredutível e sectário. Tanto um como o outro são considerados, por uma metade da humanidade, respectivamente, como Despertador e Salvador. Juntos eles desejaram o despertar, a libertação, a saúde e a salvação de todos os seres humanos.

Não misturar, não opor — será esta a minha atitude hermenêutica, atitude de abertura e de escuta para com aqueles que não nos prometem um despertar qualquer, uma libertação qualquer, mas o despertar para a verdadeira Vida, além do sofrimento e da morte, liberdade a respeito do mal que está em nós e que dilacera o mundo.

Realização de uma paz que, como diz São Paulo, "ultrapassa todo conhecimento".

Serei particularmente sensível ao aspecto comum de Cristo e de Buda: seu aspecto terapêutico. Buda é considerado no Oriente como o grande médico, aquele que cura o ser humano do sofrimento e de suas causas. Cristo, nos primeiros séculos, também era considerado como o médico e os sacramentos como remédios. Não dizia Ele mesmo: "Eu não vim chamar os sãos, mas os doentes"?

Também vou restringir-me aos textos primitivos do budismo e do cristianismo: Dhamma-Cakkappavattana-Sutta e os Quatro Evangelhos. Citarei de modo particular o Sermão de Benares e o Sermão da Montanha, que são os dois sermões fundadores aos quais se referem todos os budismos e todos os cristianismos.

O Sermão de Benares nos dará o plano de nossa reflexão:

- a constatação do sofrimento e da insatisfação que reinam em nós e no mundo;

- a busca das causas do sofrimento;

- a afirmação de que existe uma possibilidade de sair desta insatisfação e deste sofrimento em que estamos; numa palavra, libertar-nos deles;

- enfim, o acesso ao caminho que conduz a este despertar e a esta libertação.

Como vocês puderam observar, este é exatamente o plano de um bom diagnóstico médico:

- constatação, reconhecimento da doença, primeiro passo para a cura;

- busca das causas da doença;

- afirmação de que a saúde existe;

- os meios e os remédios para recuperar a saúde.

Aqui a saúde é sinônimo de "salvação". Aliás, é a mesma palavra: *soteria* (em grego).

Jesus dirá indiferentemente: "Tua fé te salvou", ou "tua fé te curou".

Saúde/salvação é o despertar do ser humano para uma luz que nenhuma treva pode extinguir, libertação do ser humano de tudo que nele impede a manifestação desta luz.

Constatação do sofrimento

Tanto Buda como Cristo nos convidam a um caminho de lucidez. Não se trata de fugir do sofrimento, mas de encará-lo de frente. Aceitá-lo, não para comprazer-se nele, mas para chegar – através dele – além dele.

É a primeira Nobre Verdade, segundo Buda (citação do Sermão de Benares):

> Eis, ó Bhikkhu, a Nobre Verdade sobre dukkha. O nascimento é dukkha; a doença é dukkha; a morte é dukkha; estar unido ao que não se ama é dukkha; estar separado do que se ama é dukkha; não ter o que se deseja é dukkha. Em resumo, os cinco agregados do apego são dukkha.

A palavra *dukkha* tem o sentido de sofrimento, dor, pena, insatisfação, impermanência, em oposição a *sukka*, que significa felicidade, bem-estar.

Há diferentes níveis de *dukkha* e de lucidez diante dela:

O primeiro nível é o nível físico: a constatação da doença, da velhice e do sofrimento corporal, aos quais ninguém escapa; e enfim, a morte.

Buda, como nós, encontrou no seu caminho o inevitável. Um velho, um homem ardendo em febre, um cadáver na vala. Este encontro do inevitável foi seu primeiro despertar.

Buda não é pessimista, mas apenas realista: "Tudo que é composto se decompõe." É um fato.

O segundo nível de *dukkha*, o sofrimento, é o nível psíquico: estar unido ao que não se ama; estar separado do que se ama; não ter o que se deseja; medo de perder o que se tem. É a insatisfação perpétua que rói o coração humano. O absurdo da condição humana: "Um dia penso branco, no dia seguinte penso preto"; "não faço o bem que quero e faço o mal que não quero".

Tudo passa. Passa o que chamamos desgraça, mas também o que chamamos felicidade. Assim, o segundo degrau de lucidez é a tomada de consciência da impermanência de todas as coisas.

A este respeito penso numa história sufi, "o anel da lucidez", que corresponde a este segundo degrau de *dukkha*:

Certa noite, um rei teve um sonho. Ele possuía um anel maravilhoso. Quando estava triste e olhava este anel, ficava alegre e feliz. Quando estava alegre e feliz e olhava este anel, seu rosto se tornava sombrio e triste.

O rei chamou seus conselheiros e pediu-lhes que encontrassem um anel semelhante ao que tinha visto em seu sonho.

Todos os sábios foram consultados. Nenhum sinal desta maravilha no país.

Depois de meses e anos de busca, o anel foi enfim encontrado no dedo de uma velhinha de olhar sereno.

O rei ficava cheio de gratidão quando olhava o anel. Seu entusiasmo se acalmava e sua tristeza desaparecia imediatamente.

Neste anel apenas estavam inscritas, em letras de ouro, essas poucas palavras: "Isto também passará."

Muitas passagens do Evangelho nos lembram esta impermanência de todas as coisas: cf. a parábola do homem que acumula em seu celeiro para o amanhã e na mesma noite a vida lhe é tirada; ou ainda a palavra de Jesus: "O que adianta ao homem ganhar o mundo inteiro se ele vier a perder sua vida?"

"Onde está o teu tesouro, lá também está teu coração."

Para que serve acumular bens, saber e poder, se passamos à margem do essencial, à margem da verdadeira Vida? Tudo isto não é mais do que fumaça que o vento leva.

Vocês sabem que foi assim que André Chouraqui traduziu a "vaidade das vaidades" do Eclesiastes: "Vapor, vapor, tudo é vapor."

O vapor desaparece, dissolve-se quando nos aproximamos de um vidro. O mundo: "Uma gota de orvalho à borda de um recipiente", dizia o Profeta Isaías. Também deveríamos citar os Salmos...

Chegamos assim ao terceiro nível de *dukkha*: o nível metafísico. Nada existe verdadeiramente, nada tem existência em si mesmo, daí a infelicidade de ter nascido. O nascimento é *dukkha*, sofrimento, um estado condicionado, mas com esta aspiração ao infinito em nós, incessantemente oprimida pela finitude.

A condição humana é sofrimento, no sentido de não ser o Todo, de não ter em si o Ser. Nós somos vapor, fumaça, um reflexo, e não a Luz.

O que chamamos eu, ego, indivíduo, na psicologia budista é apenas uma combinação de fatores, de acontecimentos em perpétua mudança. O eu ou o ego é um fluxo de acontecimentos transitórios.

A sucessão ininterrupta desses acontecimentos produz a ilusão de uma continuidade e de uma individualidade, mas o eu não tem existência em si, existência autônoma, independente desses diferentes fatores que o constituem.

Aí estamos no próprio cerne da doutrina de Buda. É a doutrina do não eu (*anatta* em páli, *anatman* em sânscrito).

O que chamamos individualidade não é mais do que o agenciamento de diferentes fatores interdependentes, os cinco *skandha*, aqueles cinco constituintes ou agregados do indivíduo que se fazem, se desfazem, como as nuvens ao vento.

Tomar por realidade o que não é verdadeiramente real, aí está o sofrimento: apegar-se ao que não existe verdadeiramente. Na Bíblia isto se chama idolatria.

Tomar uma parte pelo todo. Dar um valor absoluto ao que não é absoluto, quer seja uma propriedade ou um ser humano, uma ideia, uma ideologia...

A idolatria é o pecado por excelência: tomar por Deus o que não é Deus. Tomar pelo Ser o que não tem o Ser em si. E isto se tornará a fonte de todas as decepções e insatisfações da condição humana.

Mas aí já estamos na Segunda Nobre Verdade sobre a causa do sofrimento.

Tendo estabelecido, sob um atraso lúcido, que tudo é *dukkha* – sofrimento –, impermanência, vacuidade e perseguição do vento, trata-se de buscar a causa deste sofrimento.

> Eis, ó Bhikkhu, a nobre verdade sobre a causa de dukkha. É *tanha*, aquela "sede", aquele desejo que produz a re-existência e o re-devir, que está ligada a uma avidez apaixonante e que encontra um novo prazer ora aqui, ora lá, isto é, a sede dos prazeres dos sentidos, a sede da existência e do devir e a sede da não existência.

Tanha, que traduzimos geralmente por sede ou desejo, também é, como *dukkha*, intraduzível e suscetível de um bom número de contrassensos.

Se traduzirmos *tanha* por "desejo", alguns dirão: se pararmos de desejar, de responder ao impulso de vida que está em nós, o que vem é a morte, o sofrimento – tudo isto leva à morosidade e não ao nirvana.

Traduzir *tanha* por "desejo" não é justo:

• existem pelo menos dois desejos elogiados por Buda: o desejo de estar sem desejos, isto é, o desejo da libertação, e o desejo do bem-estar de todos os viventes;

• e isto pode colocar-nos na pista do justo significado de *tanha*.

Tanha é uma forma particular de desejo, um desejo de afirmação de si às custas do que nos cerca. É a parte que se afirma contra o todo. De novo a idolatria, a idolatria do si mesmo, orienta sua ação em torno do bem-estar desta parte que eu chamo "ego, eu", às custas do Todo. É o que poderíamos chamar de atitude egocentrada. Tudo está centrado em torno do si mesmo, do ego.

Levada ao extremo, esta doença se transforma em paranoia. Também poderíamos falar aqui de "inflação do ego" (na terminologia de Jung).

A afirmação de alguma coisa que não existe não pode fazer-se sem mal-estar, sem inquietude, sem sofrimento, sem encadeamento. Busco tudo que pode confortar meu ego: buscar o prazer, "sentir-se viver". Fujo de tudo que pode colocar em questão o poder de meu ego – fugir da dor etc. –, mas nunca estou tranquilo, nunca estou em paz...

Eis, para Buda, a causa do sofrimento. Isto também é sugerido, sob forma mítica, no relato do Gênesis onde se trata de um pecado original que seria a causa da queda do ser humano no sofrimento.

O verdadeiro pecado original

Segundo os padres da Igreja, o pecado original é algo que acontece a cada instante, que está à origem – aqui e agora – de nossos sofrimentos.

A cada instante, com efeito, temos a escolha entre duas árvores, dois modos de ser e de conhecimento: a árvore da vida e a árvore do conhecimento do bem e do mal.

A árvore do conhecimento do bem e do mal simboliza aquela atitude do ego que nos faz dizer: "Chamo isto de bem porque me agrada" e "chamo isto de mal porque não me agrada". Erijo meu ego em juiz e critério do bem e do mal. A árvore do conhecimento do bem e do mal é igual à árvore do conhecimento egocentrado.

A árvore da vida simboliza o conhecimento que segue o vento, que considera o que é, sem julgar a partir de categorias egocentradas. É o grande "Sim – Amém" ao que é. Por este "sim" a pessoa se religa à informação criadora de tudo que existe. É a inteligência divina. É a árvore do conhecimento teocentrado. É ver as coisas não a partir de meu pequeno eu e de minhas categorias ou de minhas memórias, mas a partir de *Deus em mim*.

Fazendo do ego o centro do mundo, o ser humano se expulsa do Paraíso, isto é, perde a união com o Vivente, com Aquele que é. O ser humano perde seu verdadeiro centro que é Deus mesmo, e o substitui pelo ego.

Quando Jesus diz "não julgueis!", Ele quer trazer-nos de volta deste conhecimento egocentrado para um conhecimento teocentrado.

A afirmação do ego, com seus temores, suas convicções, sua vontade de apropriar-se da existência, também poderia ser, na tradição judaico-cristã, a causa do sofrimento.

Dukkha, de um ponto de vista budista – todas as desgraças do mundo, os sofrimentos e as querelas individuais, os conflitos familiares, as lutas sociais, as guerras entre nações –, tem sua raiz nesta sede e neste apetite do ego.

Serge-Christophe Kolm (sociólogo e economista) mostra que uma economia fundada nas satisfações do ego só pode levar ao impasse. É a mensagem de todos os sábios: antes de mudar a sociedade, é preciso mudar o ser humano. Mudar o ser humano é mudar primeiro a imagem que ele tem de si mesmo. Será que existe uma visão do ser humano em que ele não seria o "centro do mundo?"

Existe uma visão não egocêntrica do ser humano? Existe uma visão do mundo que não seja antropocêntrica?

É, na minha opinião, o caso do budismo e do cristianismo! Ambos afirmam que esta visão egocentrada do ser humano é o que impede a apreensão da Realidade tal como ela é e a manifestação da verdadeira vida...

Pode-se, então, colocar legitimamente a questão: mas qual é esta verdadeira Vida? O que é este estado de despertar e de liberdade de que falamos? Qual é este Reino prometido ao ser humano?

Esta é a Terceira Nobre Verdade.

Eis, ó Bhikkhu, a nobre verdade sobre a cessação de dukkha. É a cessação completa desta sede, tanha: abandoná-la, renunciar a ela, libertar-se dela, desapegar-se dela.

Buda ensina que existe uma libertação dos sofrimentos – *dukkha* –, uma libertação que é o fim de *tanha*, daquela luta do ego para manter-se e fazer-se reconhecer: o fim da ilusão e da ignorância, o grande Despertar. A cessação de *dukkha*, a cessação de *tanha*, é o *nibbana* (em páli), o *nirvana* (em sânscrito).

Nir-vana quer dizer literalmente: parada, cessação. Não há mais vento para atiçar a brasa...

Será que poderíamos assemelhar nirvana à palavra hebraica *shabbat*, que também quer dizer cessação, parada?

Sabemos que no hebraico moderno foi preciso inventar uma palavra derivada de *shabbat* para dizer "fazer greve", parar de trabalhar.

No nirvana, no *shabbat*, há uma certa dimensão comum de paz, de repouso, porque o ser humano pára o curso louco de seu desejo, de seu ego.

"Parai e sabei que eu sou Deus."

Nesta parada, nesta cessação, o que está além do ego pode parecer "o que é" simplesmente...

Buda proclamou mais de uma vez: "Há um não nascido, um não produzido, um não feito, um incondicionado."

É o nirvana, o domínio sem mancha, que escapa à morte e que não é absolutamente forjado pelo pensamento.

"E uma vez que existe um não nascido, um não produzido, um não feito, um não composto, existe uma saída para o que é nascido, produzido, feito, composto."

Para o que é nascido, causado, produzido... para o que não se cansa de buscar seu prazer, a saída pacífica está além do raciocínio estável, não nascido, não produzido, despreocupado; é o domínio imaculado, a cessação das aflições, a pacificação das tendências fabricadoras, a felicidade (*Itivuttaka*, II, 6).

Se não existisse este nirvana, não haveria saída para a condição humana. Ficaríamos aprisionados em *dukkha*. A vida seria um inferno.

A experiência do nirvana é, pois, fundamental para a afirmação de que há uma saída possível do sofrimento/insatisfação: a experiência de um estado não condicionado, não nascido, não criado, de um estado de liberdade total.

Aliás, Buda chama este nirvana: o Absoluto.

Ó Bhikkhu, o que é o Absoluto (*sankhata*, o incondicionado)? É, ó Bhikkhu, a extinção do desejo (*ragakkhayo*), a extinção do ódio (*dosakkhayo*), a extinção da ilusão (*mohakkhayo*). Isto, ó Bhikkhu, é chamado o Absoluto.

Observemos que Buda não especula. Ele não diz o que é o Absoluto. Ele no-lo descreve como um estado em que se extinguiu o fogo do desejo, do ódio e da ilusão. De uma certa maneira, seu ensinamento convida à prática e à realização. Ele nos adverte a deixar de alimentar em nós o desejo egocentrado, o ódio, a ilusão, a inveja, e conheceremos então o que é o nirvana.

O texto do Sermão de Benares também tem esta coloração prática.

O nirvana, a cessação de *dukkha*, é renunciar, libertar-se, desapegar-se de tantra, do desejo egocentrado. É não mais alimentar as ilusões do ego.

Como o desejo, a ilusão e o ódio são doenças. Se a pessoa se livra da doença, encontra a saúde. Cessar de estar doente é a felicidade, o nirvana.

"Saúde", em páli e em sânscrito, se diz *arogya*, literalmente, ausência de doenças. É ainda uma expressão "negativa" para descrever o estado de nirvana, de Buda, o estado de despertar que é a verdadeira saúde do ser humano.

Libertação

Um outro termo é sinônimo de nirvana: a liberdade. Em páli é *mutti*, em sânscrito é *mukti* – a liberdade em relação aos condicionamentos do ego, das limitações produzidas pelo desejo ou das fixações (o ódio, a ilusão).

Buda descreve assim o ser humano "em nirvana", o ser humano aberto, despertado, "tornado vivo":

> Quando ele experimenta uma sensação agradável, desagradável ou neutra, ele sabe que isto é impermanente, que isto não o prende, que isto não é experimentado com paixão. Seja qual for a sensação, ele a experimenta sem apegar-se a ela (*visamyutto*). Ele sabe que essas sensações se apaziguarão com a dissolução do corpo, como a chama de uma lâmpada se extingue quando o óleo e a mecha vêm a faltar.

> Por conseguinte, ó Bhikkhu, uma pessoa assim provida possui a sabedoria absoluta, pois o conhecimento da extinção de todo dukkha é a nobre sabedoria absoluta.

> Sua libertação, fundada na verdade, é inquebrantável, ó Bhikkhu. O que não é (*moradhama*), não é; o que é, é! Ó Bhikkhu, uma pessoa assim provida, é provida da verdade absoluta, pois a Nobre Verdade absoluta (*paranam ariayasaccam*) é nibbana – que é o que é (a Realidade).

Ele dirá, aliás: "Ó Mahamati, nirvana significa ver o estado das coisas tais como elas são."

Ver as coisas tais como elas são, ver o que é, e isto sem desejo, sem temor, sem ilusão, sem ignorância.

Aqui estamos longe das especulações inúteis sobre o Tudo e o Nada. Trata-se de abrir os olhos ao que é, de nada acrescentar ao que é (nem desejo, nem ilusão, nem memória) e, na própria claridade das coisas, dos acontecimentos, descobrir a luz que não passa. "Permanecer no Aberto", como diziam Rilke e Heidegger.

No Evangelho há uma palavra bem próxima disto, que geralmente se traduz por: "Que vosso sim seja sim, que vosso não seja não; tudo o que dizeis a mais, vem do maligno."

O texto latino talvez seja mais explícito: "*Est, est; non est, non est*" – "o que é, é; o que não é, não é. Todo o resto é um acréscimo, uma ilusão, mentira; todo o resto vem do Mentiroso".

Na Primeira Epístola de São João, também nos é dito que seremos semelhantes a Deus porque O veremos tal como Ele é. Tal como Ele é, não tal como nós O pensamos, ou imaginamos. Ver Deus tal como Ele é, ver a Realidade tal como ela é... isto é a beatitude para o cristão, e Santo Tomás nos mostra muito bem que não existe repouso para o ser humano enquanto ele não repousar nesta visão.

Mas esta visão de Deus "já começou", diz-nos Jesus em São João: "Aquele que crê *tem* a vida eterna!"

O que São João chama "vida eterna" não é algo que vem depois, é a dimensão de Eternidade que invade esta vida presente. Aquele que não conheceu a Deus desde esta vida, muito menos O conhecerá na outra...

O Reino está entre vós...

No próprio âmago das dificuldades e das limitações desta vida, há um não nascido, não criado, há a própria presença da Vida eterna.

Qual é o caminho? Quais são os meios para chegar a esta vida e deixar de alimentar o sofrimento da absurdidade e da morte em nós e no mundo?

É a Quarta Nobre Verdade!

Eis, ó Bhikkhu, a Nobre Verdade sobre o Caminho que leva à cessação de dukkha.

É o Nobre Caminho Óctuplo, a saber: a visão justa, o pensamento justo, a palavra justa, a ação justa, os meios de existência justos, o esforço justo, a atenção justa, a concentração justa.

Trata-se de uma prescrição médica: vocês são sofredores, doentes, infelizes – eis o que é preciso fazer para encontrar a saúde, a beatitude, o nirvana.

Poderíamos assemelhar esta prescrição do Buda médico àquela comunicada por Moisés. De fato, o que são os dez mandamentos senão uma prescrição médica que nos lembra o que não devemos fazer se quisermos permanecer em boa saúde, isto é – em linguagem bíblica –, continuar sendo pessoas à imagem e à semelhança de Deus (São Pedro dirá: "Participantes da natureza divina")?

"Não matar, não roubar" etc., porque tu te destróis a ti mesmo, irias contra a tua verdadeira natureza, desfigurarias tua beleza, destruirias a verdade, a vida em ti, destruirias a tua capacidade de felicidade. É um refrão que se repete sem cessar na Torá: "Se queres ser feliz, cumpre – coloca em prática – os preceitos que eu te dou hoje!"

A palavra justa

Não só não levantar falso testemunho, não mentir, como dizia Moisés, mas ainda: não chamar seu irmão de "cretino" ou de "herege", "pois de toda palavra sem fundamento teremos de prestar contas", diz-nos o Evangelho.

Jesus é terrivelmente exigente quando se trata desta palavra justa. Nada acrescentar, nada retirar. O que é, é, o que não é, não é. Tudo que se diz a mais vem do maligno.

Ele sabe que, se há palavras que podem curar e libertar, também há palavras que podem matar, destruir; a palavra de vida pode tornar-se um instrumento de morte. Quantos sofrimentos gerados pelo mau uso da palavra, pela maledicência, pela calúnia!

Vocês sabem: é mais difícil dominar a língua do que o mais feroz dos animais. "Aquele que domina sua língua – dirá São Tiago – domina todo o seu corpo."

A palavra justa é igual ao silêncio que não perturba aquele que escuta, mas aprofunda seu conhecimento, dissipa sua ignorância.

Como é rara esta palavra! Mas se algumas vezes, por felicidade, nós a ouvimos, ou se ela vier a florir nos nossos lábios, saibamos acolhê-la com reconhecimento. É o Verbo que habita entre nós!

A visão justa

As palavras de Jesus a este respeito não faltam: "Quem olha uma mulher com cobiça, já cometeu adultério com ela em seu coração."

Com efeito, a cobiça ou o desejo de possuir nos impedem de ver os seres tais como eles são.

Neste caso preciso, não se vê uma mulher, mas um objeto, uma coisa da qual se pode usufruir, e não uma pessoa que se pode encontrar e amar.

"Como vês o cisco no olho de teu irmão e não vês a trave no teu? Não julgues para não seres julgado!"

O olhar que julga é um olhar que se projeta, que deforma a realidade, que não a vê tal como ela é.

Encontrar a inocência do olhar, a limpidez dos olhos, é um longo trabalho de atenção cotidiana.

A visão justa é o que nos conduz à beatitude tão amada de todos os contemplativos do Oriente e do Ocidente: "Bem-aventurados os corações puros, eles verão a Deus!"

Ter um coração, isto não basta... e vocês sabem quantos crimes se pode cometer em nome do amor...

O que geralmente chamamos "amor" não é mais do que ciúme, paixão, egocentrismo. Se amamos os outros, muitas vezes é com o desejo de sermos amados... Amamos a partir de nossa carência e não a partir de nossa plenitude; há mais sede nos nossos amores do que fontes transbordantes...

Amar sem desejo, sem querer possuir, sem ciúme – isto é possível?

Para São João Cassiano, a finalidade da vida cristã (monástica) é a pureza do coração. Só podemos conhecer a Deus (ver a Deus, isto é, o próprio Amor) se o nosso coração for puro, limpo, esvaziado.

Muitas vezes nosso coração não é mais do que uma taça na qual queremos beber champanha. Se a taça não está limpa, a champanha não é mais champanha, tem o gosto de uma outra coisa...

Se não temos o coração puro, o que chamamos amor ou o que chamamos Deus nada tem a ver com o amor, com Deus. É um amor, um Deus à nossa imagem, e tem o gosto de nossas projeções. Tem o gosto, o sabor insípido e pretensioso de nosso ego.

Os Padres do deserto dizem que o coração é um espelho que é preciso limpar sempre para que ele possa refletir a luz, para que ele possa ver a Deus; do contrário, não faz mais do que projetar sua sombra.

Bem-aventurados os que têm visão justa, os corações puros, os vasos purificados: eles hão de saborear a vida tal qual ela é; eles verão a Deus!

Palavra justa, visão justa, supõem pensamento justo e produzem a ação justa.

A ação justa não é simplesmente "não roubar", "não matar", "não cometer adultério" – porque essas ações têm efeitos prejudiciais em nível social e em nível pessoal –, o que os budistas chamam lei do carma, lei da causa e do efeito: "O que semeamos é o que colhemos." A ação justa é também ir mais longe. Nossa justiça deve poder aniquilar os efeitos nefastos da injustiça de outros.

Todos vocês conhecem esta passagem do Sermão da Montanha, não é? No entanto, quem ousaria dizer que de fato a praticou?

Ouvistes o que foi dito: olho por olho, dente por dente. Pois eu vos digo: não resistais ao malvado. Ao contrário, se alguém te esbofetear na face direita, oferece-lhe também a outra. E se alguém quiser mover uma ação para tirar-te a túnica, deixa-lhe também o manto. Se alguém te obrigar a acompanhá-lo numa corrida de uma milha, corra duas milhas com ele.

Dá a quem pede e não voltes as costas a quem quer pedir-te emprestado.

Ouvistes o que foi dito: amarás o teu próximo e odiarás o teu inimigo. Pois eu vos digo: amai vossos inimigos e orai por aqueles que vos perseguem, para serdes filhos de vosso Pai que está nos céus. Pois Ele faz nascer o Sol para bons e maus e faz chover sobre justos e injustos. Pois, se amais apenas a quem vos ama, que recompensa tereis? Não o fazem também os publicanos? E se saudardes apenas vossos irmãos, o que fazeis de extraordinário? Não fazem o mesmo os pagãos? Vós, porém, sede perfeitos como vosso Pai celeste é perfeito.

Essas palavras de Cristo não são palavras de moral, são palavras de divinização: trata-se de tornar-se Deus como Cristo é Deus. Trata-se de ter um sol em nós mesmos, um sol que brilha "sobre os bons e os maus"; trata-se de deixar entrar em nós uma luz e uma compaixão que não são as do nosso pequeno eu, mas a luz e o próprio amor de Deus.

Isto coincide com a última palavra de Buda, pouco tempo antes de sua morte: "Tende uma luz em vós mesmos, tornai-vos vós mesmos despertados."

Todas essas palavras que meditamos juntos, enquanto não as tivermos experimentado e vivido, elas serão apenas ruído que sai da boca, que poderão fazer eclodir todo tipo de sonhos ou de pensamentos no nosso espírito, mas nada terá mudado.

A noite continua, o sofrimento continua.

Podemos conhecer o nome de nossas doenças, colocar a receita médica no quadro de avisos e jogar os remédios na lata do lixo.

Não é assim que vamos curar-nos...

A beleza de Buda, assim como a beleza de Cristo, não se revelam a não ser àqueles que *praticam* seu ensinamento, "não àqueles que apenas dizem: Senhor, Senhor".

São palavras de metamorfose e de transformação. Mas também aqui, nesta prática, é preciso guardar o equilíbrio, a atitude justa!

Assim como um instrumento de música não pode dar o som exato se as cordas estão muito esticadas ou muito frouxas...

Não é esmagando a lagarta que podemos ajudá-la a transformar-se em borboleta...

Não é desprezando e esmagando o nosso "pequeno eu" que passamos mais depressa à presença do Infinito... mas é com paciência, dia após dia, abrir nosso pequeno eu em situações bem concretas à própria presença do Absoluto, do Eterno que habita em nós; abrir o mínimo de nossos atos à presença do amor e da compaixão; esperar às vezes contra toda esperança, neste caminho em que cada momento de oração e meditação é infinitamente precioso!

É, no íntimo da lagarta que somos, ouvir, lembrar-nos da presença do pássaro, e de vez em quando, sentir bater nossas asas...

"Tenham uma luz em vocês mesmos!" "Tenham um sol!"

Seja qual for a hora de nossa noite, jamais poderíamos negar esta parte de nós mesmos, esta parte "mais nós do que nós mesmos – totalmente Outra que nós mesmos" – que permanece para sempre ensolarada.

8
Entrevista com o Dalai-Lama*

É um grande privilégio quando se pode abordar o estudo de uma religião encontrando um de seus representantes ou um de seus mestres, sobretudo se este mestre tem por missão precisa "encarnar" e transmitir com a maior pureza possível a tradição recebida de seus pais.

O atual Dalai-Lama é um pouco mais do que tudo isto. Ele representa também o sofrimento de seis milhões de pessoas que vivem sob a opressão. Só podemos nos sentir tocados por sua atitude em relação ao invasor, uma atitude que podemos qualificar de evangélica, se o amor aos inimigos está no próprio centro do Evangelho.

Não é preciso buscar aqui um estudo comparado do budismo e do cristianismo. Trata-se simplesmente de ser sensível ao testemunho "da luz e da verdade que está no coração de todo ser humano". Não é do Espírito Santo que vem toda palavra verdadeira? Toda atitude justa não é inspirada por este mesmo Espírito?

Tenzin Gyatso, o décimo quarto Dalai-Lama, nasceu em 1935, numa família de camponeses em Takster, um vilarejo ao nordeste do Tibet.

---

* Publicada em *La Vie spirituelle*, n. 639.

Aos dois anos, Tenzin foi reconhecido como a atual encarnação do Dalai-Lama (mostrando-se capaz de identificar diferentes objetos, como rosário, bastão etc., que lhe haviam pertencido numa vida anterior, segundo a terminologia tibetana).

Com quatro anos, foi levado a Lhasa, capital do Tibet, onde começou sua educação.

Pressionado pela invasão chinesa, ele é forçado a assegurar, com a idade de quinze anos, suas funções políticas. Apesar de seus evidentes dons de diplomacia, não conseguiu a salvaguarda e a independência do Tibet. Em 1959, diante da violência do invasor, foi obrigado a fugir. Depois de vários dias de travessia numa das mais altas montanhas do mundo, ele reuniu-se aos refugiados tibetanos na esperança de preservar, apesar de tudo, sua herança e suas tradições.

É algo desta tradição que o Dalai-Lama veio transmitir-nos na Universidade de Syracuse, a única universidade de New York que ele visitou por ocasião de sua primeira viagem aos Estados Unidos, em outubro de 1979.

O primeiro elemento desta tradição tibetana é o próprio Dalai-Lama. Será que nós ocidentais podemos compreender o que é um Dalai-Lama como o compreendem os tibetanos quando se prostram aos seus pés e esperam dele a bênção?

Lama quer dizer "ser superior" e por extensão "mestre", *guru*.

Dalai pode traduzir-se por "oceano de compaixão".

E *Dalai-Lama:* "Mestre da infinita compaixão".

Para os tibetanos, o Dalai-Lama não é em primeiro lugar uma pessoa, um indivíduo (o aspecto ao qual se interessa o biógrafo), nem mesmo o detentor de um cargo político-religioso, papa ou patriarca (o aspecto que interessa aos homens políticos e aos historiadores). Ele é muito mais uma espécie de "emissor cósmico", um nó de forças através do qual as energias divinas, as energias da compaixão, são difundidas sobre o universo e mais particularmente sobre o povo tibetano. "Precioso protetor" é um dos nomes do Dalai-Lama. Sua atividade é, portanto, antes de tudo, uma "atividade de presença", além do que ele pode dizer e fazer. Neste contexto, compreende-se que drama pode representar o seu exílio para os tibetanos.

Uma noção familiar aos tibetanos e igualmente difícil de compreender para os ocidentais é a noção de "reencarnação". O atual Dalai-Lama é de fato o décimo quarto corpo emprestado ao bodhisattva Chenrezig, príncipe celeste de compaixão e de piedade, manifestado numa forma humana.

Em sua acepção popular, o termo reencarnação sugere uma alma individual que passa de um corpo a outro, uma alma que muda de corpo como se muda de roupa quando ela está usada.

É esquecer que, para o budista, a noção de alma individual estritamente não quer dizer nada. A doutrina do *anatman* (não si mesmo) pode ser considerada como um traço característico e essencial da doutrina budista. Ser despertado (ser um buda) é compreender que não há si mesmo, é sair da ilusão na qual todo apego a si mesmo nos retém como ser individual, separado dos outros, separado do cosmos.

O Dalai-Lama, desde sua mais tenra idade, é educado nesta doutrina de não apego a si mesmo. É à medida que ele se apaga que ele pode cumprir sua função e "veicular" no mundo do espaço e do tempo, o que é "sem origem", "sem causa"[3]: a infinita compaixão que quer a libertação de todos os seres.

---

3. Cf. a doutrina budista da não causalidade.

Seja qual for a sua identidade divina e humana, o que impressiona quando se encontra o atual Dalai-Lama é sua simplicidade: "Ser tão simples, tão humilde, quando desde a idade de dois anos se é considerado como Deus encarnado, é aí que devemos buscar o milagre, o Poder supremo", fazia observar Huston Smith, por ocasião de meu primeiro encontro com o Dalai-Lama.

Tenzin Gyasto não é apenas versado na meditação e nas Escrituras tibetanas, mas se interessa também pela botânica, pela bricolagem e pelas recentes descobertas da ciência (uma de suas discussões favoritas é sobre o DNA, transmissor da informação genética e sua relação com a doutrina da reencarnação).

Seja qual for o nível de consciência ou de abertura de coração no qual alguém se encontre, é impossível não ser tocado pela bondade e pela alegria que emanam deste homem.

Seu aperto de mão é caloroso e franco. Raramente se encontra um ser tão perfeitamente autêntico e tão à vontade em seu papel e sua função. Não obstante, não devia ser fácil ser um Dalai-Lama naquela tarde de 9 de outubro quando, cercado de professores universitários, de um chefe indiano, de um swami hindu, de um monge zen, de um bispo, de um rabino e de alguns pastores e pastoras, ele devia responder às nossas perguntas.

São suas respostas que são publicadas e traduzidas aqui, pela primeira vez, para os leitores de *La Vie spirituelle*.

Com uma certa habilidade, o Dalai-Lama se esquiva das questões muito específicas e por demais metafísicas. A verdade da qual quer nos falar não se obtém por uma acumulação de saber, mas por uma transformação da vida, o que dá um sabor moral a toda a sua mensagem. Não basta ter ideias verdadeiras, é preciso viver conforme a justiça. "Aquele que semeia e cultiva a verdade, aquele que é compassivo para com todos os seres humanos, aquele que ama seus inimigos, só este conhece a luz."

Algumas passagens escolhidas

"Pode-se utilizar uma técnica de meditação budista sem no entanto tornar-se budista. O importante é que esta técnica seja eficaz para a pessoa que a utiliza, que a transforme e a torne melhor."

"Os budistas não acreditam que o mundo seja criado. O mundo é sem causa. Da mesma forma, quanto mais analisamos o que pode ser a alma humana, mais a vemos dissolver-se.

O importante, porém, não são as questões metafísicas nem as análises, mas a prática; é o amor de todos os seres, é tudo o que pode livrar o mundo do sofrimento."

"Não é preciso buscar converter-se uns aos outros. É preciso que cada um se torne melhor em sua própria religião.

Quando um budista é um verdadeiro budista e um cristão um verdadeiro cristão, não há problemas entre eles. Suas representações no mundo podem ser diferentes, mas juntos eles querem a libertação de todos os seres."

"Uma vez que o si mesmo é uma ilusão, poderíamos pensar que ninguém é responsável por ninguém. Ao contrário, quando se é desligado de si mesmo, então se é responsável por todos."

"Os objetos não são vazios em si mesmos. A concepção justa da vacuidade não se refere ao objeto, mas ao sujeito. O estado de vacuidade é um estado de não apego. As coisas são vistas como elas são, sem buscar encerrá-las nos nossos conceitos ou nos nossos desejos.

A causa de nossos sofrimentos é o apego, apego às coisas, às ideias, aos prazeres, ao que não é mais e ao que ainda não é. Estar desapegado é ser livre. Só aquele que ama sem apego pode se tornar livre. Não há verdadeira compaixão sem desapego. É preciso estar vazio de si mesmo para que os outros existam verdadeiramente."

"Não afirmo que o budismo é o que há de melhor. Escolho o método de libertação que é o melhor para mim. Escolham aquele que é o melhor para vocês.

O fato de haver uma grande diversidade de religiões no mundo é uma boa coisa."

"A religião é um instrumento que nos ajuda a controlar nossos pensamentos. Sua finalidade é transformar os pensamentos negativos e autodestrutivos, como a cobiça, o orgulho, a inveja, em seus contrários."

Desenvolve-se em si mesmo a compaixão pela clara visão da impermanência das coisas e pela meditação. É necessário desenvolver em nós um espírito calmo e pacífico. Pode-se então realizar a vacuidade servindo a todos os seres."

"Não é preciso ser um monge para ser um 'iluminado'. Pelo serviço a todos os seres, pode-se ser libertado do apego a si mesmo e realizar o estado de buda, o estado de pura luz e de pura compaixão."

"A verdadeira compaixão começa quando alguém, não sofrendo mais por causa de si mesmo, se torna capaz de partilhar o sofrimento dos outros."

"Nos dias de hoje temos que enfrentar um grande número de problemas, como a crise de energia, a poluição e a superpopulação. Até um certo ponto, podemos aceitá-los e ajustar-nos a eles da melhor maneira possível. Mas a maioria dos distúrbios da vida são criados pelo próprio ser humano, por sua ignorância, sua ganância e suas ações irresponsáveis. Muitas dificuldades vêm de conflitos ideológicos e religiosos. As pessoas lutam entre si para defender seus pontos de vista e seus métodos, e esquecem a meta comum da humanidade."

"Para adquirir a compaixão e o sentido de nossa responsabilidade universal, é preciso, sem dúvida, esquecer-nos de nós mesmos e dos pontos de vista limitados do nosso ego. Quando aceitamos a nossa responsabilidade universal, quando respeitamos todos os seres vivos e quando a compaixão começa a florir em nós, então podemos crer que a paz é possível."

"No meio dos crimes mais atrozes que os chineses cometeram no nosso país, jamais senti ódio no meu coração. Não tentaremos nos vingar. O desejo de todos os humanos é a paz do espírito. Minha esperança está na coragem do povo tibetano e neste amor pela verdade e pela justiça que ainda continua vivo no coração da vida humana."

"Um coração humilde e doce não é propriedade de nenhuma religião, de nenhuma raça. Todos as pessoas, sem exceção, têm o dever e a capacidade de desenvolver em si mesmas esta doçura e esta compaixão que fará delas verdadeiros seres humanos."

"A compaixão para com todos os seres humanos está à base da filosofia budista."

> Se não tendes a força
> para trocar a vossa alegria
> pelo sofrimento dos outros,
> então não tendes nenhuma esperança
> de atingir o estado de Buda,
> nem também a felicidade durante esta vida.

"Estes versos das Escrituras exprimem nosso ideal que é considerar as necessidades dos outros como as nossas próprias. Pôr em prática este ideal pode resolver não só os problemas de nossa vida cotidiana, mas podemos também, por esta prática, encontrar a paz do espírito e até mesmo a iluminação."

"Nossa experiência cotidiana nos mostra que uma atitude centrada no eu, quando se trata de resolver um problema, não faz mais do que complicá-lo. O egoísmo não resolve nenhum problema, mas multiplica os problemas.

Só quando buscamos a felicidade para os outros é que encontramos a felicidade para nós mesmos. Compaixão e felicidade são a mesma coisa."

"Se julgamos os outros, isto cria em nós emoções negativas como a cólera, o ódio, a inveja, e isto é entrave à nossa saúde física e psíquica. A agitação mental causada por nossos julgamentos pode até mesmo nos fazer perder o sono e viver constantemente 'sob tensão'.

Respeitar os outros como eles são é o que há de mais salutar para o nosso corpo e nosso espírito. É a própria essência do Mahayana:

> Considero todos os seres vivos mais preciosos do que as pérolas mais preciosas. Possa eu cuidar deles o tempo todo e isto me levará à meta a atingir.

Devemos ter esta atitude de espírito mesmo para com aqueles que nos querem mal. É uma das condições essenciais para desenvolver em nós a humildade."

"A compaixão de que nos fala o budismo Mahayana não é o amor comum que podemos sentir por aqueles que nos são caros e próximos. Este amor pode coexistir com o egoísmo e a ignorância. Devemos também amar nossos inimigos. Se ajudei a alguém o máximo que pude e se esta pessoa me ultrajar da maneira mais ignóbil, que eu possa olhá-la como meu maior mestre.

Quando nossos amigos estão em boas relações e próximos de nós, nada pode tornar-nos conscientes de nossos pensamentos negativos... É só quando alguém nos combate e nos critica que podemos ter acesso ao conhecimento de nós mesmos e podemos avaliar a qualidade do nosso amor. Também nossos inimigos são nossos maiores mestres. Eles nos permitem testar nossa força, nossa tolerância, nosso respeito pelos outros. Se, em vez de sentir ódio por nossos inimigos, nós os amarmos mais ainda, então não estamos longe de atingir o estado de buda, a consciência iluminada que é a meta de todas as religiões."

9
Do Espírito Santo*

Como já fazia observar René Guénon, em 1950, não se pode afirmar hoje que

> o cristianismo possui o monopólio do sobrenatural e é o único que tem um caráter transcendente.

E por conseguinte que

> todas as outras tradições são "puramente humanas", o que, na verdade, equivale dizer que elas não são absolutamente tradições, mas que seriam antes assimiláveis a filosofias e nada mais [...]. Essas afirmações valem exatamente tanto quanto aquelas que os filósofos modernos empregam, com outras intenções, quando pretendem impor limites ao conhecimento e querem negar tudo o que é da ordem supra-racional[4].
>
> Realmente, nenhum entendimento é possível com alguém que tem a pretensão de reservar a uma só e única forma tradicional, com exclusão de todas as outras, o monopólio da revelação e do sobrenatural[5].

Neste ponto, René Guénon se fazia o eco de um grande número de autores da tradição cristã anterior à escolástica que

---

* Conferência dada em Karma Ling, no colóquio sobre "L'unité transcendante des traditions", publicado nas Éd. Prajna, em 1989.

4. Cf. GUÉNON, R. *Études traditionnelles*, 1950.

5. Ibid.

admitiam que o Espírito Santo é o princípio de todo verdadeiro conhecimento[6].

Frequentemente foi citada e glosada, na Idade Média, uma máxima do Ambrosiaster que se atribuía a Santo Ambrósio: *Omne verum, a quocumque dicitur, a Spiritu Sancto est* (toda verdade, pouco importa de quem ela venha, é do Espírito Santo[7]).

Tomás de Aquino cita este princípio precisando-o às vezes sem explicação[8]. Alberto Magno admitia uma noção ainda mais ampla da graça. Perguntando-se se toda verdade objeto de saber é inspirada pelo Espírito Santo, ele responde: "Sim, se chamamos graça todo dom dado por Deus gratuitamente"[9].

Como a apreensão metafísica do Ser ou do "aberto" não seria considerada como dom do Espírito Santo, se a própria existência consciente já é percebida como um dom gratuito de Deus?

Na Igreja de hoje:

• A Constituição pastoral do concílio, *Gaudium et spes*, retoma este tema. Ela especifica que o Espírito Santo atua na necessidade religiosa dos seres humanos e atribui à sua ação todo movimento voltado para a justiça ou a renúncia ao amor-próprio[10].

• O ortodoxo Georges Fedotov vê o Espírito Santo agir no dinamismo cósmico e na inspiração de todo criador de beleza[11].

---

6. ISIDORE, Y.S. Sent I,15,4 (PL 83,569) Beatus. In: *Apoc Lib* I [ed. H.A. Sanders, Roma, 1930, p. 44]. Walafrid Strabon de exordiss pr. (PL 144, 919), o Papa Zacarias em 473 (Jaffé 2270), o Papa Zózimo citado por Prosper: contracolla (PL 51,228 A), Abelardo, Theologia (PL 178, 1221 C).

7. PL 17, 245.

8. Comm. m. Tit. c 1 lect. 3: *in* Ev. Ioan C 8 Lect. 6, *Sum Theol.* Iª IIᵃᵉ q 109 a lad. 1.

9. In I. Sent 2,5 (Borquet XXV, 39) e II d 25 c 6 (XXVII, 433).

10. Cf. n. 41 parágrafo 1, n. 26, parágrafo 4 e n. 30 parágrafo 1.

11. FEDOTOV, G. "De l'Esprit dans la nature et la culture". In: *Contacts* 28, n. 95, 1976, p. 212-228.

Poderíamos multiplicar os testemunhos sobre a presença do Espírito e seu trabalho na vida dos humanos, sejam quais forem sua tradição e sua cultura, mas sem dúvida é preferível, antes de tudo, precisar o que entendemos por Espírito Santo.

Se bem que seu "nome tão desejado é constantemente proclamado, ninguém saberia dizer o que Ele é"[12].

Nós nos aproximamos dele com a ajuda de quatro símbolos fundamentais que o evocam na tradição bíblica: o sopro (o vento), a água viva, a pomba e o fogo.

Depois, procuramos saber como esses quatro símbolos fundamentais podem inspirar-nos na nossa solicitude em buscar a verdade e a unidade, o enraizamento e a abertura, não somente no cristianismo, mas em cada uma de nossas tradições.

O sopro

A palavra Espírito que encontramos em nossas Bíblias e que geralmente evoca a inteligência ou alguma coisa de imaterial, é a tradução do hebraico *ruah* ou do grego *pneuma* que significam literalmente o sopro, o hálito, o vento.

O Cardeal Jean Daniélou se interrogava a este propósito: "Quando falamos de Espírito, quando dizemos 'Deus é espírito', o que queremos dizer?" Falamos em linguagem platônico-cartesiana, ou falamos em linguagem semita? Se falamos como Platão ou como Descartes, dizemos que Deus é imaterial, sem forma, etc. Se falamos como os hebreus, dizemos que Deus é um sopro, uma energia, um poder que nos conduz: "Nele temos a vida, o movimento e o Ser"... Daí todas as ambiguidades quando

---

12. São Simeão, o Novo Teólogo: "Hymne à l'amour divin". In: *La Vie spirituelle* 27, 1931, p. 201.

se fala de espiritualidade. Será que a espiritualidade consiste em desencarnar-se, em tornar-se imaterial, ou em ser animado pelo Espírito Santo, o sopro de Deus?

No livro do Gênesis nos é dito de forma simbólica que "Deus modela o homem com o barro da terra, insufla-lhe nas narinas um sopro de vida (*ruah*) e o homem se torna um ser vivo" (Gn 2,7).

A vida humana é o sopro de Deus. Tornar-se santo, tornar-se espiritual, animado pelo Espírito, é retomar sem cessar o alento, retomar fôlego no sopro do Vivo.

São Paulo lembrará que o ser humano, de material e de psíquico pode tornar-se "espiritual", isto é, literalmente, "pneumático": um ser humano habitado pelo pneuma, pelo Espírito. Do contrário, ele continuará sendo "carne", isto é, composto de matéria, de emoções e de pensamentos que, como todo composto, será um dia decomposto. A finalidade da vida cristã, dizia São Serafim de Sarov, "é a aquisição do Espírito Santo", é deixar-se habitar em todas as dimensões de seu ser criado pelo próprio sopro daquele que é "não criado, não feito, não composto".

Isto deveria levar-nos à transfiguração (*metamorphosis*) do corpo, à abertura do coração (amor universal) e à iluminação do intelecto (participação na própria sabedoria de Deus). A realização plena desta habitação do Espírito Santo foi vivida e manifestada por aquele que chamamos Cristo – do grego *Christos*, do hebraico *Messias* –, isto é, "o Ungido", aquele em quem repousa a unção, a plenitude do Espírito.

Como não pensar também naquele belo texto do profeta Ezequiel:

> Vem, ó Espírito dos quatro ventos, soprar sobre esses mortos para que eles possam reviver. Profetizei conforme me foi ordenado e o sopro entrou neles e eles reviveram e se puseram de pé... (Ez 37,9).

Este antigo texto tem sua atualidade. Nossos corpos, nossos corações, nossas inteligências são mais ou menos dissecados. Estamos mais ou menos "a ponto de esgotar nosso sopro".

Temos sempre necessidade de deixar-nos "inspirar" pelo Vivente, temos necessidade de ser animados, reanimados por Ele.

São João retomará este tema do sopro e do vento na conversa de Jesus com Nicodemos:

> O vento sopra onde quer, ouves a sua voz, mas não sabes de onde vem nem para onde vai. O mesmo acontece com aquele que nasceu do Espírito (Jo 3,8).

Nascer do Espírito é passar para uma outra dimensão do Ser, passar do criado ao incriado, passar do sopro que se esgota ao Sopro do Vivo, entrar no Vento.

Enquanto sabemos de onde viemos e para onde vamos, ainda estamos no espaço-tempo, ainda estamos no mundo psíquico dos começos e dos fins, ainda não estamos no mundo espiritual, pneumático (livre do ciclo das causalidades).

Este símbolo do sopro e do vento é um bom símbolo!

Meditá-lo, "praticá-lo", pode conduzir-nos à experiência do Espírito Santo, até aquela profundidade silenciosa, incriada, donde vêm e para onde retornam nossos mínimos sopros.

É por isso que, na tradição hesicasta, "a aquisição do Espírito Santo" começará por uma atenção à respiração, uma escuta do sopro que nos habita, para lembrar-nos que o ser humano não é "o túmulo da alma", mas "o templo do pneuma", o templo do Espírito: uma casa para abrigar o vento.

A água

Simbolizado pelo vento, o Espírito Santo também é simbolizado pela água. Aliás, na conversa com Nicodemos, a água e o sopro estão estreitamente ligados. São a própria condição do novo nascimento:

> Em verdade, em verdade, te digo, quem não nascer da água e do Espírito não pode entrar no Reino de Deus.
>
> O que nasce da carne é carne, o que nasce do Espírito é Espírito. Não te admires de eu ter dito: é preciso nascer do alto (Jo 3,5-7).

A água é símbolo de purificação, de catarse. Entre os essênios, ela era particularmente importante. As recentes descobertas arqueológicas de muitas piscinas em Qumran o mostram e comprovam a frequência dos banhos rituais. É preciso ser puro para que o Espírito cumpra em plenitude sua obra em nós... Em outros termos, Mestre Eckhart dirá mais tarde: "É preciso ser virgem para tornar-se mãe." É preciso ser purificado de todas as nossas falsas identificações para que apareça a identidade do filho de Deus em nós.

A água também é um símbolo de morte (cf. o dilúvio) e este símbolo será retomado por São Paulo a propósito do batismo onde é sepultado nas águas o "velho homem" (isto é, o ego com suas paixões e seus impulsos perversos), a fim de que nasça o "homem novo", aquele que encontrou seu eixo no sopro de Deus.

Na patrística, afirma-se que antes de passar pelo batismo de fogo, é preciso passar pelo batismo de água (o batismo de João), que é um batismo de penitência. Segundo São João Damasceno, a penitência é "o retorno do que é contrário à nossa natureza para o que lhe é próprio".

Na conversa com Nicodemos, Jesus insiste principalmente no fato de "nascer do alto". Não basta, de fato, ser filho de seus pais ou filho do cosmos ("poeira das estrelas", diria H. Reeves). Não basta ter "nascido para morrer", é preciso ainda ser filho de Deus, nascer para a vida eterna, a vida incriada.

135

O batismo, que é "imersão" ou "mergulho" (*baptizei* em grego quer dizer mergulhar) na água para uma purificação e um sepultamento do velho homem, o batismo que nos torna *capax Dei*, pura capacidade de Deus e de seu sopro, é para os cristãos um símbolo eficaz que os torna efetivamente, segundo as palavras de São Pedro, "participantes da natureza divina".

Mas será que o batismo ritual, tal como o conhecemos hoje, constitui uma iniciação real no sentido tradicional do termo? É neste ponto que as opiniões de Schuon e de Guénon divergem.

Sem entrar no debate, gostaria, entretanto, de acrescentar algumas peças a esse dossiê citando Simeão, o Novo Teólogo, o grande espiritual nascido em 949, que se tornou monge de Studios, depois de São Manas (Constantinopla). Tornou-se higúmeno em 982 e morreu no dia 12 de março de 1022. Deixou uma obra considerável que mereceria ser muito mais conhecida.

Para ele, não basta ser batizado, pertencer oficialmente à Igreja para ser iniciado à própria vida do Espírito. É preciso ainda ter passado por aquilo que os monges de Athos chamam "o batismo das lágrimas", o despertar da água viva em cada um de nós para alcançar a plena consciência do Espírito Santo.

Para Simeão, não há realmente iniciação sem experiência consciente da presença do Espírito, do pneuma divino no ser humano:

> Eis-me ainda uma vez às voltas com aqueles que afirmam possuir o Espírito de Deus de maneira inconsciente e que se imaginam possuí-lo dentro deles desde o batismo, que estão sem dúvida persuadidos de possuir este tesouro, mas sem reconhecer absolutamente seu peso neles: diante daqueles que admitem não ter sentido absolutamente nada no batismo e que supõem que é de maneira insensível e inconsciente que o dom de Deus habitou desde então neles e que ele subsiste até o presente.

Ora, se alguém diz que cada um de nós recebe e possui o Espírito sem ter conhecimento nem consciência dele, blasfema, fazendo Cristo mentir, pois Ele disse: "Nele brotará uma fonte de água que jorra para a vida eterna" (Jo 4,14), e ainda: "Quem crê em mim, do seu interior correrão rios de água viva" (Jo 7,38)...

O Senhor, que nos favoreceu com bens suprassensíveis, também nos dá uma nova sensibilidade suprassensível por seu Espírito, a fim de que seus dons e seus favores, que ultrapassam a sensação, sobrenaturalmente, através de todas as sensações, nos sejam claramente, puramente sensíveis[13].

O batismo sutil

Simeão ainda nos alerta contra uma utilização "exterior" dos símbolos e do ritual. O batismo não pode, em nenhum caso, ser reduzido a uma carta de adesão a uma crença ou a uma Igreja, uma espécie de certificado de pertença a um clube ou a um partido...

A responsabilidade desta perda de sentido dos sacramentos e de sua eficácia simbólica vem, para Simeão, do fato de que aqueles que os ministram não "realizaram" eles mesmos o que falam. Eles "praticam" os sacramentos superficialmente, sem metamorfose ontológica, e esvaziam assim a iniciação cristã de seu conteúdo. Então não se transmite mais do que conchas vazias. Tais afirmações são graves e assim se pode compreender as dificuldades que São Simeão terá com a hierarquia da Igreja. O mesmo acontecerá mais tarde com Mestre Eckhart.

> O que dizer àqueles que gostam de ouvir elogios a seu respeito, que gostam de se ver estabelecidos como sacerdotes, bispos e abades (higúmenos), àqueles que querem receber a confidência dos pensamentos dos outros

---

13. Cf. *Traité éthique* V (129, 79 su), X (129, 297), Cent. 2,3 (51,72).

e se acham dignos do cargo de ligar e de desligar? Quando os vejo como pessoas que não sabem nada das coisas necessárias e divinas, e muito menos ainda as ensinam aos outros e nem os levam à luz do conhecimento, a situação não é diferente daquela em que Cristo mesmo disse aos fariseus e aos legistas: "Ai de vós, doutores da lei, que vos apoderastes da chave da ciência e vós mesmos não entrastes, mas impedistes de entrar aqueles que desejavam entrar" (Lc 11,52)[14].

O discípulo e biógrafo de Simeão segue a mesma linha do mestre até o ponto de dizer que o verdadeiro sacerdócio ou episcopado só pode ser espiritual e que existem sacerdotes e até bispos que não são de todo "iniciados" às realidades do pneuma, do Espírito de Deus:

> Talvez se insistirá: e se alguém não tem a dignidade episcopal e ultrapassa os bispos em conhecimento divino e em sabedoria? Neste caso, o que acabo de dizer, repito-o: aquele a quem foi dado o poder de manifestar o Espírito pela palavra, sobre este brilha também o resplendor da dignidade episcopal. De fato, se alguém, ainda que não tenha sido ordenado bispo pelos homens, recebeu, entretanto, do alto – seja ele padre, diácono ou monge –, a graça da dignidade apostólica..., este é efetivamente o bispo junto de Deus e da Igreja de Cristo que foi manifestado nela sob a influência do Espírito Santo como porta-voz de Deus, em vez daquele que recebeu a ordenação episcopal da parte dos homens e ainda tem necessidade de ser iniciado aos mistérios do Reino de Deus [...]. Para mim, portanto, é bispo [...] aquele que, em consequência de uma participação abundante no Espírito Santo, foi purificado. Nessas condições, é este que possui a ciência desses mistérios, é este que é hierarca, que é bispo,

---

14. *Catech.* XXXIII, 113, 255s.

mesmo que não tenha recebido dos homens a ordena-
ção que faz o bispo e o hierarca...[15]

Assim, para Nicetas como para Simeão, as águas do batismo,
cortadas da experiência das fontes, podem corromper-se, estag-
nar. Podem tornar-se águas mortas em vez de permanecer no
coração do crente uma água viva, a única capaz de estancar nele
a sede de infinito.

Convém citar o capítulo IV do Evangelho de São João. Jesus à
beira do poço dirige-se à samaritana:

> Se conhecesses o dom de Deus e quem te diz: "dá-me
> de beber", certamente tu lhe pedirias e ele te daria água
> viva. [...] Mas quem beber da água que eu lhe der jamais
> terá sede. A água que eu lhe der será nele uma fonte que
> jorra para a vida eterna...

Assim, Jesus nos transmite seu sopro, seu modo de respirar
em Deus.

Ele vem comunicar-nos também o gosto e o frescor da água
viva da fonte.

Há no coração humano um desejo infinito que só o infinito
pode saciar: "Tu nos fizeste para ti, Senhor, e nosso coração não
encontrará descanso enquanto não repousar em Ti", dizia Santo
Agostinho. Este infinito, este repouso, é preciso ir buscá-lo no
fundo do nosso poço – além das águas pantanosas e estagnadas –,
lá onde está a fonte. Lá onde reina o Vivo, pelo qual somos e para
o qual somos.

O próprio Jesus desceu ao fundo do poço, desceu ao Jordão,
conheceu o batismo de João, foi mergulhado nas águas purifica-
doras, e enquanto saía da água eis que os céus se abriram e João

---

15. STETHATUS, N. "De la hiérarchie", cap. V. n. 32, 40. In: *Opuscules et Lettres*,
trad. J. Darrouzes. Paris, 1961, p. 335 e 345.

viu "o Espírito de Deus descer como uma pomba e vir sobre Ele" (Mt 3,16).

A pomba

Eis, pois, um novo símbolo do Espírito: a pomba.

Geralmente, costuma-se associá-la ao ramo de oliveira e, como no quadro de Picasso, ela se tornou símbolo da paz.

Neste contexto particular, ela simboliza o restabelecimento da relação entre o céu e a terra, entre o criado e o incriado, a transparência do finito e do infinito, ou ainda, na linguagem dos Evangelhos, o restabelecimento da relação filial entre Deus e os humanos. A capacidade de chamar Deus *abba,* como o fez o próprio Jesus.

Esta oração interior "no segredo" era chamada pelos antigos "o murmúrio da Pomba". Ela simboliza também, numa linguagem mais platônica, "o ser humano que encontrou suas asas", que não está apenas preso à terra e que encontrou a capacidade de elevar-se ao céu. Alguns verão ainda na pomba um símbolo da *sophia,* a santa sabedoria, que é um outro nome do Espírito Santo (em hebraico, *ruah* é feminino) (cf. *Livro da Sabedoria* 7,25.30).

Os padres já viam no livro do Gênesis a presença da pomba. Quando é dito que o Espírito de Deus pairava sobre as águas (Gn 1), como sobre as águas do batismo, a presença da pomba simboliza a presença criadora e recriadora do Espírito, sempre pronto a fazer todas as coisas novas e eternas.

O fogo

Resta ainda um outro símbolo do Espírito Santo, sem dúvida o mais conhecido: o fogo. É conhecido o relato de Pentecostes: na sala superior da casa, os discípulos estavam reunidos com Maria, trancados com duas voltas na fechadura por medo dos atentados contra eles, conforme os rumores que se espalhavam. Ouviu-se um forte ruído como de um vento impetuoso e "eles viram então aparecer uma espécie de línguas de fogo que pousavam sobre cada um deles" (At 2).

Observemos de passagem que o fogo é um só, mas repousa sobre cada pessoa individualmente. A unidade não anula a diversidade.

Cada um passa então pela própria experiência da sarça ardente: "Queima, mas não se consome." É invadido pela presença do infinito e no entanto sua forma finita nem por isso é aniquilada. O "Eu sou" do Eterno se faz ouvir no próprio coração de nosso "eu sou" temporal e passageiro. A sala superior é então um novo Sinai, um novo Deserto de Horeb; essa sarça ardente de humanidades diversas se torna o próprio lugar da presença do Único.

Um fato importante decorre desta experiência: cada um se torna capaz de "falar" a língua do estrangeiro, a língua do outro. Cada um se torna capaz de compreender a "língua" do estrangeiro, a língua do outro. É verdade que todos falam doravante uma língua de fogo: a língua do "coração inteligente" – não somente a língua da inteligência (ela esclarece mas não aquece), não somente a língua do coração (ela aquece mas não esclarece). A língua de fogo é, ao mesmo tempo, luz e calor, inteligência e amor... Se todos os cristãos continuassem a falar esta língua, como naquela manhã de Pentecostes, eles não só se compreenderiam entre si, mas poderiam também compreender e fazer-se compreender pelas outras tradições...

Em que esses quatro símbolos do Espírito Santo podem inspirar-nos uma prática justa no encontro cotidiano das grandes tradições, uma ortopraxia à altura de nossa ortodoxia, ou ainda uma ética em harmonia com uma sã metafísica da unidade transcendente das religiões?

O *sopro* nos lembra que todos os humanos são irmãos. Podemos não pensar a mesma coisa, mas todos respiramos o ar comum. Um sopro único nos anima. Ser atentos a este sopro, respirar em profundidade, nos aproxima uns dos outros. Na linguagem hebraica, não há palavras abstratas. Quando traduzimos a partir do grego que Deus é "paciente", deveríamos traduzir literalmente do hebraico que "Deus tem grandes narinas", isto é, que Ele respira de uma maneira ampla, totalmente ao contrário do homem irascível, "o homem de sopro curto". Abrir bem as próprias narinas não é apenas um conselho de psicossomática (sabemos de fato que respirar pacificamente acalma a mente e nos torna pacientes uns para com os outros), mas respirar profundamente nos aproxima também de Deus e do mistério de seu Nome, que não pode ser pronunciado a não ser com todo o nosso sopro, YHWH. A atenção à nossa respiração, ao expirar e ao inspirar, torna-nos atentos, no próprio movimento, a nós mesmos, atentos ao sopro do outro, atentos à origem silenciosa de tudo o que vive e respira. É na verdade um exercício "espiritual" no sentido primeiro do termo.

O símbolo da água lembra-nos a necessidade da purificação no centro do encontro das tradições. Trata-se de purificar-nos de todas as nossas projeções, medos, desejos; de batizar nosso ego, isto é, imergi-lo num além dele mesmo onde despertará para uma nova consciência; de nascer do alto, e de ver do alto o resultado de nossas divisões, de nossas separações. No próprio cerne da experiência de não dualidade, trata-se de ver o que significa realmente a diversidade e a multiplicidade; de atribuir à realidade relativa seu justo valor em relação à realidade absoluta.

"O que é terrestre é terrestre, o que é celeste é celeste."

Mas não opor a terra e o céu, o criado e o incriado, o finito e o infinito, o eterno e o temporal.

Ser como a pomba é fazer a ligação entre estas duas atitudes: descer do céu, ter os pés na terra, mas saber também elevar-se, levantar voo, penetrar no puro azul do imenso espaço.

• Respirar: ser paciente.

• Imergir na água: ser iniciado.

• Ser pomba: construir a paz entre o céu e a terra.

• Enfim, ser sarça ardente: deixar-se invadir pelo fogo.

Penso nesta anedota: um dia perguntaram a Jean Cocteau: "Se a sua casa pegasse fogo, o que o senhor tentaria salvar?"

Jean Cocteau respondeu: "Eu salvaria o fogo."

Se nossa casa se incendiasse, se nossas igrejas, nossos templos desabassem, se nossas tradições fossem traídas, deformadas, profanadas, dessacralizadas (já não o são?), o que levaríamos, o que tentaríamos salvar a todo preço... senão o fogo?

Aquela claridade ardente do Despertar, amor inteligente, inteligência do coração, que vemos brilhar no olhar dos santos e dos sábios de todas as grandes tradições... Manter o fogo de nossos ancestrais, de nossa tradição, não é velar sobre suas cinzas, não é, principalmente, transmitir sua chama?...

10
O rosto, enfoque teológico*

O rosto dá a pensar. Ele funda um desejo diferente do desejo de prazer e de conhecimento. O rosto convida a um encontro que respeita as alteridades, e é neste sentido que se pôde dizer que ele estava à origem da ética. É também através do rosto do Outro, no que ele tem de "incomparável", de irredutível aos reducionismos do semelhante e do "mesmo", que o Totalmente Outro pode fazer sinal. É através do rosto do ser humano que "Deus vem à ideia".

Mas que Deus? O rosto do ser humano interroga, portanto, o teólogo. Seria interessante inventariar e contemplar o rosto dos deuses na Antiguidade, ou mais exatamente, suas representações. Seríamos, sem dúvida, levados a reconhecer neles um ensaio de figuração dos grandes arquétipos do inconsciente humano, neste sentido sempre atuais e presentes na psique contemporânea (cf. a este respeito os trabalhos de J. Hillmann e de Erich Neumann). Isto nos levaria também a propor a distinção entre o rosto do ídolo que fecha em seus traços o olhar de seu adorador e o rosto do ícone que por seu simbolismo abre antes o olhar ao invisível. As pesquisas de Jean-Luc Marion a este respeito são particularmente sugestivas em *L'Idole et la distance* e *Dieu sans l'Être*.

---

* Conferência inédita dada no laboratório de tratamento dos conhecimentos da Universidade de Marseille. Cf. *Le Visage, sens et contresens* [dir. H. Cyrulnik, Éd. Heschel, 1988].

> *O ídolo jamais merece que o denunciemos como ilusão, pois por definição ele pretende ser (eidolon) o que se vê (eido-video)*; ele consiste simplesmente nisto: em poder ser visto, em que se possa vê-lo, e vê-lo tão visivelmente que o próprio fato de vê-lo basta para conhecê-lo (*eidolon*), o que se conhece pelo próprio fato de tê-lo visto (*oida*). O ídolo se apresenta ao olhar do ser humano para que assim se apodere de sua representação, portanto, de seu conhecimento.
>
> O ídolo só se veste para poder ser visto. A estátua monumental de Atena brilhava da Acrópole até as vigias dos marinheiros do Pireu, e se a escuridão de um *naos* (templo) fizesse sombra à estátua criselefantina, seguia-se que para adivinhá-la o fiel ficava cada vez mais fascinado, à medida que se aproximava e podia enfim elevar seus olhos a ela. O ídolo fascina e cativa o olhar, precisamente porque nele não se encontra nada que não deva expor-se ao olhar, atraí-lo, saciá-lo, retê-lo[16]...

O ídolo prende o olhar. Ele não pode mais passar além[17]. Ele é seu "ponto de queda".

Quando o olhar se volta para o rosto do ídolo, rosto-objeto, será que se pode dizer que o olhar se deixa prender, como se estivesse em presença do próprio sujeito (daí sua alienação a esta forma particular)?

> O olhar não queima mais a etapa do espetáculo, mas faz etapa no espetáculo; ele se fixa nele e, longe de transitar além, permanece diante do que se lhe torna um espetáculo a respeitar. O olhar se deixa cumular: em vez de transbordar o visível, de não vê-lo e de torná-lo invisível, ele se descobre como transbordado, retido pelo visível. O visível se lhe torna enfim visível porque propriamente ele ainda lhe preenche a visão.

---

16. MARION, J.-L. *Dieu sans l'Être*. Grasset, p. 194.

17. Cf. HUSSERL, E. *Ideen* I, 101, Husserliana III, 254.

O ídolo, primeiro visível, preenche a visão a um olhar até então insaciável. O ídolo oferece, ou melhor, impõe, ao olhar seu primeiro visível, seja qual for – coisa, mulher, ideia ou deus (id., p. 20-21).

O olhar e o ícone

O rosto do ícone, ao contrário, não se encerra no visível. Ele pretende estar saturado de invisível, porta ou janela para o que indicam a forma e o olhar.

Mas é o olhar que faz o ídolo ou que faz o ícone. Há um modo de olhar que coisifica, "reifica", tudo que existe, mesmo os rostos. Há uma maneira de olhar que personaliza tudo o que existe, que trata por tu e dá um "rosto" até mesmo às coisas. Para o santo, dizia Macário do Egito, "tudo é rosto" (pode-se dizer que o animal acede ao rosto no olhar amante do ser humano em relação com ele, e que o ser humano retorna à animalidade ou à "matéria" no olhar "bestial" ou interessado que se põe sobre ele?).

Dissemos algumas palavras sobre o ídolo, o ícone. Ainda deveríamos falar da máscara que pode ocultar o rosto mas revelar também em alguns ritos ou cerimônias o que o rosto em si mesmo tende a ocultar. Sabe-se que conexão às forças da natureza é significada por essas máscaras de animais colocadas sobre o rosto do ser humano.

Também há ainda muito a descobrir numa história da arte do retrato ou das representações do rosto através dos séculos (Malraux traçou alguns esboços neste sentido). Ficaríamos surpresos ao ver até que ponto a representação "realista" do rosto é uma invenção moderna (Renascença[18]), que precede de pouco

---

18. Cf. Courtine, J.-J. & HAROCHE, C. *Histoire du visage.* Rivages, 1988.

a descoberta da fotografia. Nessas tentativas de objetivação será que nos aproximamos dos contornos do "sentido" do rosto?

Dito isto, voltemos ao enfoque propriamente teológico do rosto e limitemo-nos a duas representações do invisível, do tipo ícone e não ídolo: o rosto de Buda e o rosto de Cristo.

O que esses rostos nos dão a pensar do Absoluto, uma vez que são considerados como as epifanias do Absoluto?

Rosto de Buda, rosto de Cristo

O rosto de Buda, geralmente representado com os olhos semicerrados ou voltados para o interior, lembra-nos que todo ser humano é habitado por um oceano de beatitude. Os traços tão "históricos", tão sexuados ou pessoais, parecem abismar-se neles. Isto se expressa muito bem pela redondez às vezes andrógina do rosto que não oferece nenhuma aspereza, onde poderiam inscrever-se as rugas do tempo. As orelhas são grandes e longas, em algumas representações elas descem até os ombros; simbolizam a capacidade de ouvir, sinal da grande sabedoria do espírito despertado (Buda) (Lao-tseu pode ser traduzido por "velho" ou por "grandes orelhas"). Mas o que impressiona mais no rosto de Buda, além da harmonia e da serenidade dos traços, é seu sorriso. Um sorriso que sobe do interior e o ilumina com uma claridade lunar. Imagem de plenitude sem *pathos* (sem patologia), sem paixão, além das ilusões e das tragédias da história. O estado de consciência que se encarna aqui é o de um nirvana, de uma beatitude infinita, que consumiu todos os desejos (*nir-vana* literalmente quer dizer "fogo sem combustível", que nada mais tem a consumir). Se colocarmos ao lado deste rosto de Buda *O Pensador* de Rodin, podemos medir o abismo que separa o modo de pensar oriental e o modo de pensar ocidental: de um lado, o cérebro-espelho que reflete "as mil e uma coisas" sem retê-las, sem analisá-las, como a superfície de um lago pacífico deixa sobrevoar os grandes gansos sem reter nenhum sinal de seus gritos ou de seus ritmos; de outro lado, o cérebro reflexivo, a fronte pesada, trabalhada por mil e uma questões – seria a armadilha ou a rede em que deve prender-se o voo dos grandes gansos...?

Algumas pessoas verão em Buda o rosto de um "cérebro direito", em *O Pensador* de Rodin o rosto de um "cérebro esquerdo" em pleno trabalho.

Será que o rosto do ser humano futuro sintetizará os traços dos dois cérebros, oriental e ocidental? Seria este rosto aquela "serenidade encrespada" como a chamava René Char? Quando se conhece a atitude da criança e do idoso diante do espelho, não se pode falar antes de "serenidade perplexa"?

Também seria fácil contrapor a este rosto de Buda alguns rostos de Cristo em que parecem imprimir-se todas as dores do ser humano e do mundo, por conseguinte, as religiões da serenidade e as religiões da tragédia, o lótus e a cruz...

É esquecer a serenidade dos cristos romanos, dos anjos góticos da Catedral de Reims, e aquele sorriso inverossímil do *Crucificado* de Lérins. Certamente não é inútil lembrar que os cristos de Buffet se assemelham terrivelmente a Bernard Buffet e sem dúvida muito pouco a Jesus de Nazaré. Cada época projeta seu próprio rosto sobre o rosto de seus deuses, daí a importância que se dá no cristianismo, como aliás também no budismo[19], à *archeiropoietos*, a "imagem feita não por mão humana", isto é, exprimindo, além da subjetividade de uma época, o justo reflexo e símbolo do Arquétipo. O Sudário de Turim pertence a esta tradição antiga dos *acheiropoietos,* e é bom que as recentes investigações do carbono

---

19. Cf. os estudos de Titus Burckhart em *Principes et méthodes de l'art sacré*. Dervy, 1976, p. 94 e 176.

14 nos lembrem que onde as pessoas corriam o risco de venerar um ídolo, elas podem encontrar um autêntico e magnífico ícone. Mas o que acontece mais precisamente com o rosto de Deus no cristianismo? "Com quem poderíeis imaginar Deus? E que imagem poderíeis oferecer-lhe?" (Is 40,18).

O cristianismo antigo não é menos intransigente a respeito de toda representação do Ser, que por natureza é indivisível, invisível e inacessível. Por exemplo, as representações de Deus Pai como um velho mais ou menos juiz ou benevolente sempre foram consideradas no cristianismo ortodoxo como heresias estúpidas. A única coisa que se pode representar de Deus é Aquele que é considerado sua encarnação, seu representante. Aquele que se apresenta e é reconhecido como a epifania de sua presença, "o visível do Invisível", dirá Ireneu de Lyon: Cristo.

O visível do invisível

A este respeito é bom citar João Damasceno, que sintetiza muito bem a posição ortodoxa a propósito dos ícones:

> Se fizéssemos o ícone do Deus invisível, estaríamos errados, pois isto é impossível, uma vez que Ele é sem corpo, sem figura, invisível e infinito... mas não fizemos nada disto e não há falta de nossa parte em fazer a imagem do Deus que se encarnou, se mostrou na carne sobre a terra, misturou-se aos humanos em sua inefável bondade e assumiu da carne a natureza, a densidade, a forma e as cores[20].

Entretanto, um ícone não é o retrato histórico de Cristo, mas uma impressão arquetípica destinada a orientar o coração e a in-

---

20. SÃO JOÃO DAMASCENO. *Defesa dos santos ícones.*

teligência para um estado absoluto de Ser e de Consciência que se encarna neste arquétipo.

A este propósito, alguns poderiam talvez ficar surpresos ao saber que não encontramos nos Evangelhos nenhuma menção do que Cristo pôde ser fisicamente. Podemos ler todos os Evangelhos do começo ao fim sem descobrir a mínima informação a este respeito – Cristo era alto ou baixo, barbudo ou sem barba, bonito ou feio?

Às vezes cita-se como testemunho histórico uma carta que Públio Lêntulo, o predecessor de Pôncio Pilatos como governador da Judeia, teria escrito ao Senado de Roma, e onde teria descrito Cristo como sendo "grande e amável, de ar respeitável... com cabelos castanhos". Mas Anselmo, arcebispo da Cantuária no século XI, estabeleceu que se trata de uma composição tardia. Nenhum Lêntulo foi "procônsul na Judeia", onde esta carta teria sido escrita.

Da mesma forma, jamais conheceremos as palavras autênticas de Cristo, pois Ele nada deixou escrito. Só conheceremos "palavras ouvidas", relatadas, isto é, que trazem a impressão do filtro auricular e mental daquele que ouve. Assim também, jamais conheceremos os traços exatos do rosto de Cristo, uma vez que Ele nunca foi fotografado. Só conheceremos rostos "imaginados, projetados" pelo olhar mais ou menos presbita ou crente daquele que busca "vê-lo".

Desde o século II, os escritores foram obrigados a recorrer às conjecturas quanto à aparência física de Cristo. Justino, o filósofo mártir, e Clemente de Alexandria pensavam que Ele devia ter sido feio, baseando-se na Profecia de Isaías que diz:

> Não tinha beleza nem formosura, não tinha boa aparência, para que desejássemos vê-lo. Era objeto de desprezo, era o refugo da humanidade... era como pessoa de quem se desvia o rosto, tão desprezível que não fizemos caso dele (Is 53,2-3).

Entre os escritores do século III e IV, muitos são aqueles que partilharam este ponto de vista, entre os quais Basílio, Isidoro de

Pelúsio, Cirilo de Alexandria, Teodoro, Tertuliano e Cipriano. No curso do mesmo período, outros sustentaram o ponto de vista contrário, não porque eles soubessem mais sobre Cristo do que os outros, mas porque se referiam a uma outra passagem do Primeiro Testamento: "És belo, o mais belo dos homens" (Sl 45,3).

São Jerônimo (cerca de 342-420) julgava que era esta a profecia que se aplicava à aparência humana de Cristo. Segundo ele, a descrição do servo sofredor de Isaías e desprovida de qualquer beleza só podia referir-se a Cristo supliciado, desfigurado pelos golpes e pelos escarros, e não a seu aspecto normal:

> Pois se Ele não possuísse algo do brilho dos astros em seu rosto e em seus olhos, jamais os apóstolos o teriam seguido imediatamente, e aqueles que vieram para prendê-lo também não teriam caído por terra.

No apócrifo *Os atos de São João*, Cristo aparece no túmulo de Prussiana sob os traços de um belo jovem de rosto sorridente. Encontramos descrições semelhantes em *A Paixão das Santas Perpétua e Felicidade* e no *Actus vercellensis*.

A arte reflete esta ignorância e esta confusão. Uma das razões é esta: é bem pouco provável que se tenha feito um retrato de Jesus em sua vida por causa da intransigência com que os judeus interpretavam o segundo mandamento, aquele que proíbe toda imagem e toda reprodução do que existe "... no céu e na terra" (Ex 20,4). Fala-se ainda de diversas obras que teriam sido pintadas por São Lucas, mas não se pode pretender que sejam autênticas.

Da representação

No curso dos primeiros anos do cristianismo, a Igreja parece ter seguido exatamente as doutrinas judaicas e repudiado a ideia de representar o corpo e o rosto físicos de Jesus. Esta concepção reapareceu diversas vezes no curso dos séculos que se seguiram. Mas à medida que a fé cristã se inseria num universo em que as imagens estavam por toda parte, tanto nas moedas de dinheiro como nas decorações murais e outras, sem contar as estátuas etc., era inevitável que se buscasse, um dia, representações do aspecto humano de Cristo. A animada correspondência que trocaram entre si, no começo do século IV, a Imperatriz Constância Augusta e o Bispo Eusébio de Cesareia, revela por sua vivacidade o enorme interesse que essas imagens suscitavam então.

A representação mais antiga que temos de Cristo foi encontrada numa comunidade provincial judia, Dura-Europos no Eufrates, onde manifestamente não se interpretava tão estritamente o segundo mandamento. Trata-se de um afresco que data da metade do século III: nele se vê Jesus jovem, imberbe, de cabelos curtos, curando o paralítico. O mesmo tipo de jovem de rosto sem barba aparece no século IV, em locais tão distantes como o Cemitério de Máximo e de Santa Felicidade em Roma, e no piso em mosaico de uma casa romana descoberta em Hinston Sainte Mary, em Dorset, na Inglaterra. Esta última representação é o primeiro retrato de Cristo que foi exumado até agora na Grã-Bretanha.

Esta concepção da aparência humana de Jesus prossegue no século V com o mosaico do Bom Pastor no Mausoléu de Galla Placídia, e num célebre díptico em marfim representando as cenas dos milagres, ambos em Ravena. É indiscutível que, nos séculos mais próximos da vida terrestre de Cristo, numerosos foram aqueles que, influenciados pela civilização romana, imaginaram seu Salvador muito mais sob os traços do Apolo de seus ancestrais do que sob os traços de um judeu barbudo.

Há exceções: em meados do século III, em Roma, o Bom Pastor do hipogeu dos Aureliano faz vagamente pensar num homem barbudo de cabelos longos. Assim também um Cristo do século IV, nas catacumbas de Corumodilla, sempre em Roma, é de um tipo semita pronunciado, com cabelos longos, uma barba comprida, olhos grandes e um nariz longo...

Santo Agostinho escrevia no começo do século V que "são inúmeros em concepção e em forma os retratos de Cristo, e isto por uma boa razão: nós não conhecemos sua aparência nem a de sua mãe".

Então, quando e como se soube que o aspecto de Cristo era aquele que admitimos agora?

Se estudarmos os livros dos historiadores da arte, tomaremos conhecimento de que nenhum deles se dedicou diretamente a este problema. Entretanto, o que se manifesta é que num determinado momento, no século VI, os traços de Cristo nas obras de arte parecem obedecer a um decreto desconhecido. Os cabelos se tornaram longos e divididos em dois, a barba triunfa e termina em duas pontas, o nariz é alongado e mais pronunciado, os olhos são mais profundos e suas pupilas maiores, e o rosto se apresenta estritamente de frente. Há em tudo isto uma tal autoridade que se poderia crer que alguém subitamente descobriu o verdadeiro aspecto de Jesus. Pode-se atribuir este fenômeno à tendência que tiveram os artistas bizantinos da época de criar formas rigorosas que se tornaram um modelo para as gerações seguintes.

Paul Vignon, biólogo francês, colega do professor Yves Delage, interessou-se desde 1930 por certos retratos bizantinos de Cristo, aqueles posteriores ao século VI. Ele observou em todos alguns traços distintivos, algumas particularidades do rosto, cada uma se encontrando mais ou menos apagada no Sudário de Turim.

Qual é o significado desta passagem, no século VI, de uma representação abstrata do rosto de Cristo para uma representação mais precisa, na qual cada um dos traços é portador de sentido? O teólogo dirá que a arte segue o desenvolvimento da cristologia e que antes do século VI o dogma das duas naturezas de Cristo – verdadeiro homem e verdadeiro Deus – ainda não era plenamente reconhecido, e que isto se sente ou se vê nas representações de seu rosto (cf. o Pantocrátor das cúpulas bizantinas).

Palavra teológica e rosto estão intimamente ligados. Léo Steinberg ainda o mostrou recentemente em seu livro *La Sexualité du Christ dans l'art de la Renaissance et son refoulement moderne* (L'infini, Gallimard, 1987).

Também o dogma "significado" necessita do rosto "significante". Não medimos bastante os efeitos de heterodoxia que pode ter uma iconografia sem referências dogmáticas. Seria necessário ainda falar do rosto de Cristo nas obras cinematográficas contemporâneas, nem ídolo nem ícone, rosto simplesmente humano no qual se apaga a luz de Deus. Ele convida mais à ação do que à contemplação. Seu olhar é menos "voltado para o Pai" do que para os humanos, o que é a metade da verdade evangélica – onde o amor de Deus e o amor do próximo, o sentido do concreto e do universal, são inseparáveis. Observemos de passagem que as tradições da Palavra (como as igrejas protestantes), fazendo pouco apelo à iconografia em sua devoção, serão menos "chocadas" por essas representações "parciais" ou "injustas" do rosto de Cristo.

11
Orar no lugar mais aberto...

No começo, o Templo
era o lugar mais aberto...
Depois, muros foram levantados...
Os mais espessos nem sempre
foram os piores.
Eles protegiam o homem
à sombra de Deus
para que amadurecesse seu germe de luz.

Mas a Presença
é faminta de Espaço.
Já desde muito tempo
ela abandonou os lugares fechados,
deixando atrás Dela
estranhos e fascinantes museus.

Ela permanece
fora da lei, fora dos muros,
fora do Templo e fora do Tempo.

Ela não igreja, mais nada.

Ela dá peso ao gesto mais quotidiano.
Ela é favorável a todas as coisas
(quer dizer que toda coisa se abre nela).

Entretanto,
o homem não possui repouso
a não ser nos limites,
ele exige "referências" (marcos).

Onde encontrarei este terrível olhar inocente?
Onde irei assentar-me,
apresentar a outra face – ser orante?

Orar, dizia ele, é melhor ver
o que está diante de teu rosto.
As catedrais do futuro
são os olhos de vossos filhos.

Também aí, respondi,
a luz fenece.
Também aí, os muros se elevam.
As lucarnas rapidamente se tornam seteiras,
também elas serão tomadas um dia para o Dia do Juízo.

É por isso, diz-me ele,
que é preciso orar, para que Deus viva
e a luz não se afaste.

Que seus olhos permaneçam ao largo.

Toda pedra é tumular.

Vem o vento,
elas se farão puro deserto...

Ele continuou com uma voz
que não tinha nada de grave:
Uma mão aberta é escondida
Na cavidade de teus punhos...

Entre a linha do coração
e a linha da vida
há um grande lugar nu:
uma oração...

12
Meditar: uma arte do instante

> O Universo não é coisa enorme e longa, mas
> cerimonial de uma Presença
> que se dá e se manifesta
> no brilho do instante.

Zen é a tradução japonesa do chinês *ch'an* e do sânscrito *dhyana*, que geralmente se traduz por "meditação".

Meditação, na nossa língua, evoca uma certa qualidade de apreensão do que nos é dado viver no tempo, de refletir no espelho do coração e da inteligência, mas a vivacidade do instante que caracteriza o zen parece não aparecer neste conceito de meditação.

Na meditação zen, não se trata – à força da atenção – de fazer "redobrar o tempo", de sobrecarregar-se dele, mas ao contrário, de esclarecê-lo, de iluminá-lo pelo que – do Além – nos faz sinal.

O instante é um espinho no tempo contado pelos relógios, uma abertura ao próprio Ser que se manifesta em todas as presenças (*étants*): a flor, o leito, a pedra, o corpo, o rosto.

Nesta abertura, "aquilo que é" nos toca como Presença, nem coisa (*no thing*) nem pessoa. Presença cuja irrupção pela janela aberta do instante nos desperta, nos ofusca: é o grande dia da origem ou do apocalipse, cujas anedotas zen (como aliás o Evangelho) nos lembram que ele chega à meia-noite, quando não se espera... Fora de todo esperado, mas não de toda vigilância.

O mais cotidiano, meditado em sua profundidade viva, pode tornar-se o instante em que eu vejo:

> "Que maravilha!
> Apanho água no poço,
> junto lenha."

Ou ainda, num outro contexto:

> "Eis o osso de meus ossos,
> a carne de minha carne!"

A meditação é arte do instante (instante no singular, os "momentos privilegiados" são apenas seu brilho disperso).

Arte de recolher um presente, uma Presença no que nos acontece, ocasião única de ver o espaço crescer – a Luz nua.

> "Como meu armazém foi queimado,
> nada mais me oculta a vista
> da lua brilhante!"

COLEÇÃO Unipaz – CC NACIONAL DOS TERAPEUTAS

- *Cuidar do Ser*
- *Caminhos da realização*
- *Terapeutas do deserto*
- *O Evangelho de Tomé*
- *O corpo e seus símbolos*
- *O Evangelho de Maria*
- *A arte de morrer*
- *O Evangelho de João*
- *Carência e plenitude*
- *Sinais de esperança*
- *Além da luz e da sombra*
- *Enraizamento e abertura*
- *Viver com sentido*
- *Escritos sobre o hesicasmo*
- *Livro das bem-aventuranças e do Pai-nosso*
- *O Evangelho de Felipe*
- *O essencial no amor*
- *Judas e Jesus: duas faces de uma única revelação*
- *Jesus e Maria Madalena: para os puros, tudo é puro*
- *Uma arte de cuidar: estilo alexandrino*
- *Pedagogia iniciática: uma escola de liderança*
- *O homem holístico: a unidade mente-natureza*
- *Normose – A patologia da normalidade*
- *Dimensões do cuidar – Uma visão integral*
- *A revolução da consciência – Novas descobertas sobre a mente no século XXI*
- *A montanha no oceano – Meditação e compaixão no budismo e no cristianismo*

COLEÇÃO **Unipaz** – COLÉGIO INTERNACIONAL DOS TERAPEUTAS

- *Cuidar do Ser*
- *Caminhos da realização*
- *Terapeutas do deserto*
- *O Evangelho de Tomé*
- *O corpo e seus símbolos*
- *O Evangelho de Maria*
- *A arte de morrer*
- *O Evangelho de João*
- *Carência e plenitude*
- *Sinais de esperança*
- *Além da luz e da sombra*
- *Enraizamento e abertura*
- *Viver com sentido*
- *Escritos sobre o hesicasmo*
- *Livro das bem-aventuranças e do Pai-nosso*
- *O Evangelho de Felipe*
- *O essencial no amor*
- *Judas e Jesus: duas faces de uma única revelação*
- *Jesus e Maria Madalena: para os puros, tudo é puro*
- *Uma arte de cuidar: estilo alexandrino*
- *Pedagogia iniciática: uma escola de liderança*
- *O homem holístico: a unidade mente-natureza*
- *Normose – A patologia da normalidade*
- *Dimensões do cuidar – Uma visão integral*
- *A revolução da consciência – Novas descobertas sobre a mente no século XXI*
- *A montanha no oceano – Meditação e compaixão no budismo e no cristianismo*